Oliver Klatt

Schnellkurs Astrologie

Astrologie und Deutungstechniken
in weniger als einer Stunde kennen lernen

W0370706

WINDPFERD

1. Auflage 2005
© Windpferd Verlagsgesellschaft mbH, Aitrang
Alle Rechte vorbehalten
Umschlaggestaltung: Marx Grafik&ArtWork,
unter Verwendung einer Illustration von Wolfgang Jünemann
Zeichnungen im Innenteil: Oliver Klatt
Gesamtherstellung: Schneelöwe, Aitrang
www.windpferd.de
ISBN 3-89385-484-3

Printed in Germany

Inhalt

Vorwort

Das Prinzip der Astrologie erkennen, die Ebenen eines Horoskops verstehen lernen – darum geht es in diesem Buch, das auf einfache Weise mit den Grundpfeilern der Astrologie vertraut macht. Ein neuer, kreativer Ansatz schafft einen leichten Zugang zur Materie, zugleich sind alle wichtigen Informationen kompetent und umfassend aufbereitet.

Das Wissen um astrologische Zusammenhänge kann helfen, das Leben von einer höheren Warte aus zu betrachten. Eine neue Perspektive entsteht, und größere Zusammenhänge lassen sich leichter erfassen, sowohl was die eigene Person angeht als auch das Leben an und für sich. Neue Erkenntnisse stellen sich ein, und man kann sich neu orientieren und ausrichten. Carpe diem – nutze den Tag!

1. Was ist Astrologie?

Astrologische Systeme haben sich unabhängig voneinander an verschiedenen Orten der Welt und in verschiedenen Kulturen entwickelt. Die frühesten astrologischen Aufzeichnungen die uns bekannt sind, stammen aus Mesopotamien, einem Landstrich, der heute zum Irak gehört. Dort wurden zahlreiche Tontafeln mit astrologischen Deutungen gefunden, die auf rund 600 Jahre vor Christus datiert werden konnten; die Deutungen bezogen sich damals ausschließlich auf politische und wirtschaftliche Angelegenheiten.

Die klassische abendländische Astrologie hat ihren Ursprung im alten Griechenland, wo sie auch ägyptischen und mesopotamischen Einflüssen unterlag. Diese klassische Form der Astrologie beruht auf vier Hauptfaktoren: den Planeten, den Tierkreiszeichen, den Häusern und den Aspekten. Auch die heutige indische Astrologie beruht auf denselben Hauptfaktoren. In ihrem Zentrum steht jedoch, anders als in der abendländischen Astrologie, die Lehre von Karma und Wiedergeburt. Weiterhin ist vor allem die chinesische Astrologie von Bedeutung. Diese bedient sich eines anderen Tierkreiszeichen-Systems als die abendländische und die indische Astrologie, wodurch sie eine kollektivere Ausrichtung hat. Sie basiert u. a. auf dem Prinzip des Yin und Yang und kennt fünf Elemente (Wasser, Metall, Feuer, Holz und Erde). Weiterhin entwickelten auch die Mayas und die Azteken eine eigene Astrologie, die allerdings erheblich von den anderen astrologischen Systemen abweicht.

Der Grundgedanke der Astrologie besteht darin, dass jedem Moment eine spezifische Qualität innewohnt, die sich in allem widerspiegelt, was zu dieser Zeit an diesem Ort geschieht – und diese spezifische Qualität, so die Astrologen, lässt sich jeweils am Stand der Gestirne ablesen, wie die Uhrzeit von einer Uhr. Ein ähnlicher Gedanke findet sich auch bei dem Gelehrten Hermes Trismegistos, dessen „Tabula Smaragdina", ein Grundtext der abendländischen Esoterik, mit den folgenden Worten beginnt: „Es ist wahr, ohne Lügen, gewiss und wahrhaftig. Was oben ist, ist wie das, was hierunten ist, und was hierunten ist, ist wie dasjenige, was dort oben ist, auszurichten die Wunder eines einigen Dinges."[1] In der esoterischen Literatur wird dieses Prinzip auch häufig in der Kurzform „Wie oben, so unten" wiedergegeben.

Demnach ist der Mensch eingebettet in den Kosmos; er unterliegt kosmischen Rhythmen, die sein Leben bis zu einem gewissen Grad beeinflussen. Inwieweit darüber hinaus sein Leben vorherbestimmt ist durch individuelles oder kollektives Schicksal bzw. Karma, dazu gibt es, je nach spiritueller Lehre, unterschiedliche Auffassungen. Fast allen gemein ist die Annahme, dass immer ein bestimmter Grad an Willensfreiheit besteht, über die der Mensch im Rahmen seiner persönlichen Anlagen und der jeweiligen Umstände verfügen kann.

Dem griechischen Wortstamm nach bedeutet Astrologie ‚Sternenkunde'. So gesehen ist die Astrologie, entgegen einer weit verbreiteten Auffassung, eigentlich gar keine spirituelle Disziplin, sondern vielmehr „eine Methode zur

Erkennung von Mustern von Zusammenhängen in einem undurchschaubaren Kosmos“[2]. Die Erkenntnisse, die aus dieser Methode resultieren, können zwar spiritueller Natur sein, müssen dies jedoch nicht zwangsläufig sein. Vor allem astrologische Vorhersagen können, aus spiritueller Sicht, regelrecht kontraproduktiv sein, können sie doch eine übermäßige Erwartungshaltung erzeugen, die verhindern kann, dass sich die Dinge in einer für das spirituelle Wachstum des Betreffenden förderlichen Weise ereignen. Für den spirituellen Sucher gilt es demnach, sich nicht in möglichen Irrungen und Wirrungen astrologischer Vorhersagen und Festlegungen zu verlieren, sondern das Wissen um astrologische Zusammenhänge stets in kreativer Weise und mit einem offenen Geist anzuwenden.

Neben der prognostischen Astrologie, die in Form von allgemeinen Vorhersagen für die verschiedenen Sternzeichen weit verbreitet ist, steht vor allem das Geburtshoroskop eines Menschen im Zentrum astrologischer Deutungen. Da die Astrologie ein besonderes Augenmerk auf Anfänge legt, insbesondere auf den Anfang des menschlichen Lebens, werden Horoskope überwiegend für den Anfangsmoment von etwas erstellt, so z. B. für die Geburt eines Menschen. Das Geburtshoroskop zeigt den Stand der Sterne zur jeweiligen Geburtszeit am jeweiligen Geburtsort. Damit gibt es Aufschluss über die Anlagen und Potenziale einer Person, es zeigt persönliche Stärken und Schwächen und kann helfen, diese und dabei sich selbst besser kennen zu lernen.

Ein Horoskop hat im Wesentlichen vier Ebenen:

- die Planeten: sie stehen für die grundlegenden Themen, die ein Mensch hat
- die Tierkreiszeichen (auch Sternzeichen genannt): sie stehen für die Ausgestaltung dieser Themen
- die Häuser: sie stehen für die Lebensbereiche, in denen sich die Themen äußern
- die Aspekte: sie stellen Verbindungen her zwischen den verschiedenen Themen

Steht bei einem Menschen beispielsweise der Mars (Thema: Durchsetzungskraft) im Tierkreiszeichen Waage (Ausgestaltung: harmonisch, ausgleichend), wird er zur Erreichung seiner Ziele in der Regel diplomatisch vorgehen. Befindet sich diese Konstellation im 6. Haus (Lebensbereich: tägliche Pflichten), äußert sich dies vor allem in seinem Alltags- und Berufsleben. Bestehen Aspekte vom Mars zu anderen Planeten, dann ist dieses Thema mit anderen Themen des Horoskops verflochten.

Von zentraler Bedeutung für das Geburtshoroskop ist der jeweilige Stand der Sonne. Die Sonne steht für das Ich eines Menschen, für das Wesenhafte in seiner Person. Aus dem Stand der Sonne ergibt sich auch die Zuordnung zu einem der zwölf Sternzeichen: Steht die Sonne z. B. im Tierkreiszeichen Wassermann, sagt man, dass dieser Mensch ein „Wassermann“ ist. Darüber hinaus gibt es weitere zentrale Punkte in einem Horoskop wie z. B. den Aszendenten und die für die karmische Astrologie so wichtigen Mondknoten.

Astrologie kann in vielfältiger Weise betrieben werden. Dabei gibt es so unterschiedliche Ansätze wie die psychologische Astrologie, die karmische Astrologie, die magische Astrologie, die Astro-Therapie u. a. Neben dem klassischen Geburtshoroskop gibt es Partnerhoroskope, mit deren Hilfe Einsicht in das Wesen einer Beziehung erlangt werden kann, es gibt die so genannte Mundan-Astrologie, mit der Aussagen über die allgemeine Entwicklung auf Erden getroffen werden können u. v. m.

Dieses Buch dient als Einstieg in die Astrologie. Wer sein Wissen um die Astrologie und die eigene Person vertiefen möchte, kann darüber hinaus einen erfahrenen Astrologen aufsuchen und sich sein persönliches Geburtshoroskop erstellen lassen. Wer selbst astrologisch tätig werden möchte, findet für die Ausbildung verschiedene astrologische Schulen bzw. Astrologen, die als Privatlehrer tätig sind, sowie zahlreiche Fachbücher, die es ermöglichen, sich das entsprechende Wissen autodidaktisch anzueignen.

2. Was ist der Tierkreis?

Der Tierkreis bildet sich aus den zwölf Tierkreiszeichen (Widder, Stier, Zwillinge, Krebs etc.), die entlang der Ekliptik laufen. Als Ekliptik bezeichnet man die scheinbare Laufbahn der Sonne und der Planeten um die Erde. Scheinbar deshalb, weil es von der Erde aus betrachtet selbstverständlich nur so aussieht, als würden sich die Sonne und die Planeten um die Erde drehen. Faktisch ist es so, dass die Planeten des Sonnensystems, inklusive der Erde, sich um die Sonne drehen, und lediglich der Mond sich um die Erde dreht. Dennoch ist für das astrologische Denken die so genannte geozentrische Sicht entscheidend, also die Sichtweise, nach der die Erde als Mittelpunkt des Universums angenommen wird. Diese Sichtweise, die vom Standort des Beobachters ausgeht, also von der Perspektive der Erdbewohner, liegt allem astrologischen Denken zugrunde. (Demzufolge wäre es übrigens so, dass, sollten die Menschen eines Tages auch auf anderen Planeten als der Erde leben, für diese Menschen andere astrologische Zusammenhänge gelten würden.)

Was ist nun der Tierkreis? Der Tierkreis besteht aus den zwölf Tierkreiszeichen, die entlang der Ekliptik laufen. Die Sonne, der Mond und die Planeten durchqueren den Tierkreis in jeweils unterschiedlicher Geschwindigkeit. Dabei kommen sie der Reihe nach durch alle zwölf Tierkreiszeichen. Das folgende Bild veranschaulicht diesen Vorgang:

Stellen wir uns einen großen, halbkugelförmigen Raum vor, z. B. ein Planetarium. In der Mitte des Raumes hängt eine Glühbirne von der Decke herab; diese steht für die Sonne. Entlang der Wand, ringsherum, befindet sich ein breiter Streifen, etwa auf gleicher Höhe mit der Glühbirne. Dieser rundherum laufende Streifen entspricht dem Tierkreis und ist in zwölf gleich große Abschnitte eingeteilt. Jeder dieser Abschnitte entspricht einem der zwölf Tierkreiszeichen. Wenn wir nun, die Augen auf die Glühbirne gerichtet, den gesamten Raum, immer entlang der Wand, einmal durchqueren, dann nehmen wir die Glühbirne (= Sonne) der Reihe nach vor jeweils einem anderen der zwölf Abschnitte (= Tierkreiszeichen) wahr. Dabei entspricht unser Rundgang der Laufbahn der Erde um die Sonne. In gleicher Weise nehmen wir, von der Erde aus betrachtet, während eines Jahres die Sonne der Reihe nach vor den zwölf Zeichen des Tierkreises wahr. So ergibt sich auch die Einteilung des Jahres in zwölf zeitliche Abschnitte von rund 30 Tagen, die jeweils einem der zwölf Tierkreiszeichen zugeordnet sind. Das Zeichen Widder steht am Anfang des Tierkreises. Bei Beginn ihrer Tierkreisdurchquerung hält sich die Sonne rund 30 Tage lang im Zeichen Widder auf. Damit haben alle in diesem Zeitraum geborenen Menschen das Sternzeichen Widder. In der Folge tritt die Sonne in das Zeichen Stier ein. Alle in den folgenden rund 30 Tagen geborenen Menschen haben somit das Sternzeichen Stier usw.

Nach genau einem Jahr ist die Sonne einmal durch den gesamten Tierkreis gewandert und steht wieder am Anfangspunkt, dem „Frühlingspunkt“ (21. März) – ein neuer Zyklus beginnt.

Nicht nur die Sonne, sondern alle Planeten „wandern“ in dieser Weise ständig durch den Tierkreis. Je nachdem, vor welchem Tierkreiszeichen ein Planet gerade wahrgenommen wird, sagt man z. B. „der Mars steht im Widder“ oder „der Jupiter steht in Krebs“. Der jeweilige Stand der Sonne und der Planeten in den zwölf Tierkreiszeichen bildet die Grundlage für die Erstellung eines Horoskops.

3. Die vier Ebenen eines Horoskops

Ein Horoskop ergibt sich aus dem Stand der Planeten in den Tierkreiszeichen und Häusern sowie den Aspekten der Planeten untereinander, bezüglich eines bestimmten Zeitpunktes, an einem bestimmten Ort.

Ein Horoskop hat damit im Wesentlichen vier Ebenen:

- die **Planeten** – sie stehen für die grundlegenden Themen, die ein Mensch hat

- die **Tierkreiszeichen** (auch Sternzeichen genannt) – sie stehen für die Ausgestaltung dieser Themen

- die **Häuser** – sie stehen für die Lebensbereiche, in denen sich die Themen äußern

- die **Aspekte** – sie stellen Verbindungen her zwischen den verschiedenen Themen

Etwas ausführlicher ausgedrückt:

Die **Planeten** (z. B. Mars, Jupiter) zeigen an, um **was** es im Leben eines Menschen geht. Sie verkörpern die Archetypen, die Urbilder unserer Psyche. Sie sind die „Akteure“ in unserem Inneren. Die Planeten zeigen an, um welche Themen es geht.

Die **Tierkreiszeichen** (z. B. Widder, Krebs) zeigen, **wie** die verschiedenen Themen sich individuell gestalten. Die Tierkreiszeichen geben den Themen eine spezifische Färbung, eine besondere Ausprägung. Sie bilden den Hintergrund für die Themen, um die es geht.

Die **Häuser** (z. B. 1. Haus, 2. Haus) zeigen, **wo** die verschiedenen Themen sich äußern. Die Häuser sind „der Ort des Geschehens". Sie bilden den Rahmen für die Ereignisse im Leben eines Menschen. Sie zeigen den Lebensbereich, in dem etwas geschieht.

Die **Aspekte** (z. B. Trigon, Opposition) zeigen, **wer wie** mit **wem** agiert. Sie stehen für die Beziehungen, die die „inneren Akteure" (Planeten) zueinander haben. Die Aspekte stellen die Verbindungen her zwischen den verschiedenen Themen eines Menschen. Sie zeigen das „Zusammenspiel der Kräfte".

4. Die Planeten

Die Planeten zeigen, um welche Themen es im Leben eines Menschen geht. Sie verkörpern die Archetypen, die Urbilder unserer Psyche. Sie sind die „Akteure“ in unserem Inneren.

Es gibt im Wesentlichen elf Planeten, die für ein Horoskop von Bedeutung sind. Dies sind: die Sonne, der Mond, Merkur, Venus, Mars, Jupiter, Saturn, Uranus, Neptun, Pluto und Chiron. (Der Einfachheit halber werden in der Astrologie auch die Sonne und der Mond als Planeten bezeichnet, auch wenn sie, rein faktisch gesehen, gar keine Planeten sind, sondern eben eine Sonne und ein Mond.)

Im Folgenden werden auf jeweils einer Seite die Themen und Eigenschaften eines jeden Planeten dargestellt. Dabei wird bewusst auf eine allzu ausführliche Darstellung verzichtet, sondern vielmehr die Essenz eines jeden Planeten herausgebildet und auf den Punkt gebracht. Dies soll die „Kontaktaufnahme“ mit den verschiedenen Archetypen erleichtern und ein spontanes Verstehen der jeweiligen Themen fördern.

Sonne

verkörpert
das Wesenhafte im Menschen
das zentrale Anliegen
den Bereich der größten Persönlichkeitsentfaltung
das, worum es im „Wesentlichen“ geht

Schlüsselworte
Wille, Dynamik, Aktivität, Lebenskraft, Ausstrahlung

„Ich bin was ich bin!“

Mond

verkörpert
die Welt der Empfindungen
das Unbewusste
die instinktiven Reaktionen
die Reise nach innen

Schlüsselworte
Gefühle, Nähe, Geborgenheit, Nest, Pflege, Versorgung

*„Du musst deine Hände öffnen,
wenn du Wasser schöpfen willst.“*

Merkur

verkörpert
die geistige Wendigkeit
das Kommunikationsverhalten
das Sammeln, Vermitteln und Verteilen
von Wissen und Information
die sachliche Ebene

Schlüsselworte
Sprache, Verstand, Intellekt, Analyse,
Kombinatorik

Der „Götterbote“ als
Mittler zwischen den Welten

Venus

verkörpert
die Liebe
den Wunsch nach Vereinigung, Verbindung und Verschmelzung
die sinnlichen Genüsse
das ästhetische Empfinden

Schlüsselworte
Liebe, Harmonie, Verlockung, Hingabe, Erotik, Kreativität

„Ich sende meine Wärme aus
und finde sie wieder in den anderen."
(Anaïs Nin)

Mars

verkörpert
den Antrieb
die (ungezügelte) Energie
die geradlinige Vorgehensweise
die Durchsetzung der eigenen Wesensnatur

Schlüsselworte
Tatkraft, Entschlossenheit, Eroberungslust,
Sexualität, Triebe

„Hoppla, jetzt komm' ich!"
„… mit dem Kopf durch die Wand gehen!"

♃

Jupiter

verkörpert
das Vertrauen ins Leben
die Erweiterung der Horizonte
die Wachstumskräfte, die dem Leben Auftrieb geben
das Suchen und Finden eines persönlichen Lebenssinns

Schlüsselworte
Glück, Fülle, Zuversicht, Jovialität, Expansion,
Würde, Weisheit, Glaube, Hoffnung, Toleranz, Moral

„Das Glas nicht als halb leer,
sondern als halb voll betrachten!"

♄

Saturn

verkörpert
die Begrenzung
das Durchhaltevermögen
die Beschränkung auf das Wesentliche
das Erkennen der „ungeschminkten Wahrheit“

Schlüsselworte
Form, Festigkeit, Struktur, Halt, Stabilität, Gesetze, Zeit, Pflicht, Demut, tiefer Ernst, Abschied, Konsequenz

„Die Freiheit des Willens besteht darin,
frohen Mutes das zu tun, was wir tun müssen.“
(C. G. Jung)

Uranus

verkörpert
die Befreiung
das völlig Unerwartete
die Überwindung alter Strukturen
Ideale wie „Freiheit, Gleichheit, Brüderlichkeit“

Schlüsselworte
Veränderung, Durchbruch, Notwendigkeit, Geistesblitz,
Unabhängigkeit, Individualität, Originalität

„… aus dem Rahmen fallen!“
„… die Fesseln sprengen!“

Neptun

verkörpert
das grenzauflösende Prinzip
die Überschreitung der Ich-Grenze
die „kosmischen Antennen“ eines Menschen
die unergründliche Tiefe

Schlüsselworte
Vorahnungen, Wir-Gefühl, Spiritualität, Transzendenz,
Medialität,Trance, Ekstase, Mystik, Sehnsucht,
Rausch, Sucht, Chaos

„Gott zu wissen ist weit weniger, als in Gott zu sein.“
(Meister Eckehardt)

Pluto

verkörpert
die Transformation
die Kraft der tiefsten Wandlung
den archaischen Urgrund
die Urkräfte jenseits aller moralischen Wertungen

Schlüsselworte
Macht, Ohnmacht, seelische Verstrickung, Abhängigkeit,
Krisen, Tabus, Zwang, Unausweichlichkeit,
Suggestivkräfte, starke Heilkräfte

„Ich bin ein Teil von jener Kraft,
die stets das Böse will
und doch das Gute schafft."
(Goethe)

Chiron

verkörpert
den verwundeten Heiler
die offene Wunde
das chronische Leiden und dessen Heilung
die Annahme von dem, was ist

Schlüsselworte
Verletzbarkeit, Abwehr, Abgrenzung,
Empfindlichkeit, Demut, Hingabe, Heilkraft,
Einzelgänger, Ratgeber, Schlüssel, Hier und Jetzt

„Wahre Heilung kann nur
durch tiefe geistige Einsicht erlangt werden."
(Paramahansa Yogananda)

Die Umlaufzeiten der Planeten

Die elf Planeten bewegen sich, von der Erde aus betrachtet, durch den Tierkreis, also durch die zwölf Tierkreiszeichen (vgl. S. 45). Dazu benötigen sie verschieden lange Umlaufzeiten. So braucht z. B. die Sonne genau ein Jahr, bis sie den Tierkreis einmal durchquert hat. Dabei hält sie sich rund 30 Tage in jedem der zwölf Zeichen auf.

Andere Planeten haben längere oder kürzere Umlaufzeiten als die Sonne. So benötigt z. B. der Mond lediglich 28 Tage, um den Tierkreis einmal zu durchqueren. Dabei verweilt er nur rd. zwei Tage in jedem der zwölf Zeichen, womit er der „am schnellsten wandernde Planet“ ist. Weitere Beispiele sind der Mars, der rd. zwei Monate in jedem Zeichen verweilt, und der Saturn, der etwa zwei Jahre in jedem Zeichen bleibt.

Am längsten von allen Planeten braucht Pluto für die Durchquerung des Tierkreises. Er ist insgesamt rund 248 Jahre unterwegs, wobei die Dauer seines Aufenthalts in den zwölf Zeichen stark schwankt (zwischen elf und 30 Jahren).

Umlaufzeiten der Planeten

Planet	*Umlaufzeit*	*Verweildauer in einem Zeichen*
Sonne	1 Jahr	rd. 1 Monat
Mond	rd. 27 Tage	rd. 2 Tage
Merkur	rd. 87 Tage	rd. 7 Tage
Venus	rd. 225 Tage	rd. 19 Tage
Mars	rd. 2 Jahre	rd. 2 Monate
Jupiter	rd. 12 Jahre	rd. 1 Jahr
Saturn	rd. 29 Jahre	rd. 2 Jahre
Uranus	rd. 84 Jahre	rd. 7 Jahre
Neptun	rd. 158 Jahre	rd. 14 Jahre
Pluto	rd. 248 Jahre	zw. 11 und 30 Jahre
Chiron	rd. 50 Jahre	schwankt stark

Praktische Übung:
Körpersprache zu den Planeten

Um die unterschiedlichen Energien der elf Planeten mittels Körpersprache zu erfahren, kann man die folgenden Gebärden und Gesten selbst ausführen:

Planet	*Gebärde/Geste*
Sonne	sich auf die Brust klopfen!
Mond	sich in sich versenken …
Merkur	mit den Augen zwinkern!?!
Venus	jemanden umarmen …
Mars	die Hand zur Faust ballen!!!
Jupiter	die Arme ausbreiten …
Saturn	mit dem Zeigefinger drohen!
Uranus	ruckartig aufstehen!
Neptun	die Augen schließen …
Pluto	jemanden am Nacken packen!
	selbst am Nacken gepackt werden!
Chiron	sich die Hände auf den Bauch legen …

Hinweis: Alle Gebärden/Gesten wurden entsprechend dem Grundmuster des jeweiligen Archetypen zugeordnet.

5. Die Aspekte

Die Aspekte zeigen das „Zusammenspiel der Kräfte“ im Innenleben eines Menschen. Sie stehen für die Beziehungen, die die Planeten (= Lebensthemen) zueinander haben.

Über die Aspekte treten die Planeten miteinander in Verbindung. Dabei mischen sich die Themen im Horoskop, und es entstehen größere, zusammenhängende „Themengebilde“. Das so zustande kommende, individuelle „Themengesamtbild“ eines Menschen zeigt sich in seinem Geburtshoroskop.

Bedeutsame Abstände

Die Aspekte stellen bedeutsame Abstände zwischen den einzelnen Planeten dar. Folgende Abstände sind besonders relevant:

Abstand	*Aspekt*
0°	Konjunktion
180°	Opposition
120°	Trigon
90°	Quadrat
150°	Quincunx
60°	Sextil

Der Orbis

Ein Aspekt muss nicht immer die exakte Gradzahl besitzen, die ihm entspricht. Das heißt: Auch wenn zwei Planeten in einem Abstand von beispielsweise 118° oder 124° zueinander stehen, der Abstand also nicht exakt 120° beträgt, kann man noch von einem Trigon sprechen.

Doch wann hört ein Aspekt auf, ein Aspekt zu sein? Um hierüber Klarheit zu schaffen, gibt es den Orbis.

Der Orbis ist die Abweichungstoleranz, d. h. die zulässige Ungenauigkeit bei Aspekten. Je nach Art des Aspektes und nach astrologischer Schule liegt der Orbis zwischen 1° und 10°.

Grundsätzlich kann man sagen:
- der durchschnittliche Orbis liegt bei 4°
- ein Aspekt ist umso prägender, je exakter er ist
- je größer die Abweichung von der exakten Gradzahl, desto mehr steht der Aspekt im Hintergrund

Zur Anzahl der Aspekte

Während die Anzahl der Planeten in jedem Horoskop gleich hoch ist (jeder Mensch hat alle elf Planeten in seinem Geburtshoroskop), ist die Anzahl der Aspekte je nach Horoskop unterschiedlich hoch. Denn je nachdem, in welchen Abständen die Planeten zueinander stehen, kann es in einem Horoskop zu einer höheren oder geringeren Anzahl an Aspekten kommen.

Manchmal steht ein Planet auch für sich alleine, d. h. er bildet dann keine Aspekte mit anderen Planeten. In solchen Fällen zieht man zur Deutung dieses Planeten vor allem das Tierkreiszeichen und das Haus zu Rate, in dem er steht.

☌

Konjunktion

- die Planeten stehen dicht beieinander (0°)
- in Einheit

Schlüsselworte

Zusammenarbeit, Verschmelzung, Allianz, Koalition, Synthese

„Gemeinsam sind wir stark!“

Opposition

- die Planeten stehen sich gegenüber (180°)
- in Widerspruch zueinander

Schlüsselworte
Zwiespalt, offene Gegner, Spannung,
treibende Kraft, Herausforderung

Lösungsmöglichkeit
- beiden Seiten Spielraum geben!

„Auf die Balance kommt es an!"

Trigon

- die Planeten stehen diagonal zueinander (120°)
- in Harmonie

Schlüsselworte
Verbundenheit, Unterstützung, Förderung,
sich wohlgesonnen sein

*„Ein Freund, ein guter Freund,
das ist das Schönste was es gibt auf der Welt … “*

Quadrat

- die Planeten stehen im rechten Winkel zueinander (90°)

- in Konflikt

Schlüsselworte
Verspanntheit, Entzweiung, unbewusste Gegner, innere Feindseligkeit, Dynamik, Energie

Lösungsmöglichkeit
sich des inneren Konfliktes bewusst werden, ihn akzeptieren und transzendieren

„Gleich einem Surfer auf den Wellen dieser Energie reiten!“

⚻

Quincunx

- die Planeten stehen sich schräg gegenüber (150°)
- sich gegenseitig abwägend

Schlüsselworte

große Verschiedenheit, unbestimmtes Unbehagen, Misstrauen, Schüchternheit, nicht so greifbar

Lösungsmöglichkeit

ein Gespür entwickeln für die Besonderheit dieses Aspektes und aus der Verschiedenartigkeit der beteiligten Energien heraus eine Synthese bilden

„Aus der Verbindung von zwei Teilen wird ein neues Ganzes entstehen.“

⚹

Sextil

- die Planeten stehen „auf einer Seite“ (60°)
- in Zusammenhang

Schlüsselworte
Anregung, dynamischer Austausch, Vertrautheit, Oberflächlichkeit, Flüchtigkeit

„Wie gewonnen, so zerronnen!“

Die Farben der Aspekte

Zur besseren Unterscheidung sind die Aspekte bei der Darstellung im Horoskop üblicherweise in verschiedenen Farben gehalten. So sind die folgenden Farbzuordnungen weit verbreitet:

Aspekte	*Farbe*
Opposition, Quadrat	Rot
Trigon, Sextil	Blau
Quincunx	Grün
Konjunktion	keine spezielle Farbe

Praktische Übung:
Die Aspekte körperlich erfahren

Um die Unterschiede im Wesen der verschiedenen Aspekte körperlich zu erfahren, kann man sich zu zweit, zu dritt oder zu viert in den entsprechenden Abständen bzw. Winkeln zueinander hinsetzen. Auf diese Weise lässt es sich gut in die verschiedenen Energien hineinspüren.

Sitzt man beispielsweise zu viert an einem quadratischen Tisch, dann sitzt jeder „im Quadrat“ zu seinen beiden Nachbarn sowie „in Opposition“ zu seinem Gegenüber. Auf diese Weise kommt es leichter zu Spannungen, als wenn man z. B. um einen runden Tisch herum sitzt, an dem man „im Trigon“ oder „im Sextil“ zueinander sitzen kann, was ein harmonisches Miteinander fördert.

6. Die Tierkreiszeichen

Jeder der elf Planeten steht in einem der zwölf Tierkreiszeichen. Die Tierkreiszeichen geben den Themen, die die Planeten verkörpern, eine spezifische Färbung, eine besondere Ausprägung.

Häufig ist es so, dass zwei oder mehrere Planeten zusammen in einem Tierkreiszeichen stehen. Auf diese Weise erhalten sie dieselbe spezifische Färbung bzw. Ausprägung.

Es ist üblich, dass in einem Horoskop in einigen Tierkreiszeichen gar keine Planeten stehen; dies ergibt sich schon allein durch die Tatsache, dass es zwar zwölf Zeichen, aber nur elf Planeten gibt.

Die Tierkreiszeichen, in denen keine Planeten stehen, sind in der Regel nicht so bedeutsam für das jeweilige Horoskop wie diejenigen Zeichen, in denen einer oder mehrere Planeten stehen (Ausnahme: der Aszendent oder einer der Mondknoten steht in einem solchen Zeichen, vgl. S. 81 und S. 85).

Gradeinteilungen

Die zwölf Tierkreiszeichen sind in je 30 Grade eingeteilt. Diese entsprechen den rd. 30 Tagen, die den Geburtszeitraum eines jeden Tierkreiszeichens ausmachen. Für das Tierkreiszeichen Fische ist dies z. B. der Zeitraum 19. Februar – 20. März. Wer in dieser Zeit geboren ist, hat also die Sonne im Tierkreiszeichen Fische. Wer z. B. am 19. Februar geboren ist, hat die Sonne auf etwa 1° im Zeichen Fische, wer beispielsweise 20 Tage später geboren ist, also am 11. März, hat die Sonne auf etwa 21° im Zeichen Fische.

Herrscherplaneten

Jedes Tierkreiszeichen hat mind. einen Planeten, mit dem es „auf gleicher Wellenlänge" schwingt. Die entsprechenden Planeten nennt man Herrscherplaneten, da sie in dem jeweiligen Zeichen sozusagen herrschen. So ist z. B. der Saturn der Herrscher des Zeichens Steinbock. Der Planet Saturn und das Tierkreiszeichen Steinbock sind sich also vom Wesen her ähnlich.

Steht in einem Horoskop der Herrscherplanet in „seinem" Zeichen (und nicht etwa in einem der anderen elf Zeichen), dann kommt es zu einer besonders starken Ausprägung dieses Archetyps im Horoskop (und damit in der Persönlichkeit dieses Menschen). Steht ein Planet dagegen in einem Tierkreiszeichen, das seinem Wesen eher entgegensteht, (z. B. der Planet Venus im Zeichen Widder), dann ergibt sich daraus eine reizvolle Verbindung zweier sehr unterschiedlicher Archetypen.

Die Zuordnung der Planeten zu den Tierkreiszeichen ist nicht ganz „perfekt“. Es gibt z. B. einige Zeichen, denen gleich zwei Planeten zugeordnet sind (so hat beispielsweise das Zeichen Skorpion als Herrscherplaneten Mars und Pluto). Weiterhin gibt es einen Planeten, der nicht nur einem, sondern gleich zwei Zeichen zugeordnet wird (Merkur ist der Herrscherplanet in den Zeichen Zwillinge und Jungfrau). Dagegen ist der erst kürzlich entdeckte Planet Chiron bislang noch keinem Zeichen zugeordnet worden.

♈

Widder

„Ich bin!“

entschiedenes Handeln
unermüdliches Vorwärtsstürmen
direkte Lebenserfahrung

Herrscherplanet
Mars

Schlüsselworte
Impuls, Initiative, Tatkraft, Schwung, Elan, Optimismus

Eigenschaften
wagemutig, forsch, spontan, ungeduldig, vital

„Wo ein Wille ist, ist auch ein Weg!“

♉

Stier

„Ich habe!"

beständiges Wachstum
Liebe und Treue zum Vertrauten
Sinnesfreude entfalten

Herrscherplanet
Venus

Schlüsselworte
Verwurzelung, Sicherheit, Besitz, Pflege, Sinnlichkeit

Eigenschaften
pragmatisch, beharrlich, genießerisch, stur, loyal

„… festen Boden unter den Füßen haben!"

♊

Zwillinge

„Ich denke!“

die Kunst der Kommunikation
Interesse haben (= dazwischen sein)
Relativieren und Zweifeln

Herrscherplanet
Merkur

Schlüsselworte
Austausch, Kontakt, Vermittlung, Taktik,
Intellekt, Neugier

Eigenschaften
unbeschwert, flexibel, clever, oberflächlich, flüchtig

„Mal hier, mal da …“

♋

Krebs

„Ich fühle!“

Bilderwelt der Seele
emotionale Empfänglichkeit
Hilfe und Fürsorge

Herrscherplanet
Mond

Schlüsselworte
Sensibilität, Sehnsucht, Träume, Romantik,
Geborgenheit, Schutz

Eigenschaften
rücksichtsvoll, zärtlich, weich, indirekt, subtil

„Bevor ich denke, fühle ich!“
(Jean-Jacques Rousseau)

Löwe

„Ich will!“

mitreißende Lebensfreude
ausgeprägtes Selbstbewusstsein
großherzige Gesten

Herrscherplanet
Sonne

Schlüsselworte
Charisma, Pose, Hauptrolle, Mittelpunkt, Souveränität

Eigenschaften
aktiv, dynamisch, großspurig, stolz, strahlend

„Ich kam, sah und siegte!“
(Julius Caesar)

♍

Jungfrau

„Ich analysiere!“

Klarheit und Ordnung schaffen
den Dingen eine Strukturierung geben
praktische Nutzung der Materie

Herrscherplanet
Merkur

Schlüsselworte
Beratung, Planung, Sorgfalt, Fleiß, Detail,
Nutzen, Perfektion

Eigenschaften
ordentlich, zuverlässig, gründlich, pedantisch, genau

„… die Spreu vom Weizen trennen!“

Waage

„Ich gleiche aus!"

Ausgewogenheit
Harmonie herstellen, erhalten und genießen
Vereinigung mit dem Du

Herrscherplanet
Venus

Schlüsselworte
Kunst, Schönheit, Ästhetik, Gleichgewicht,
Frieden, Diplomatie

Eigenschaften
freundlich, charmant, elegant, unentschieden

„Einerseits und andererseits …"

♏

Skorpion

„Ich begehre!“

mächtige Seelenkräfte
das Geheimnisvolle, Verborgene ergründen
Drang in die Tiefe

Herrscherplaneten
Mars und Pluto

Schlüsselworte
Macht, Leidenschaft, Sexualität, Transformation, Loslassen

Eigenschaften
triebhaft, tabulos, intensiv, tapfer, fordernd, heilsam

*„Je heller das Licht,
umso dunkler der Schatten!“
(Jean-Paul Sartre)*

Schütze

„Ich sehe!“

die Suche nach dem Sinn
ausgeprägtes Gerechtigkeitsgefühl
Erweiterung der Horizonte

Herrscherplanet
Jupiter

Schlüsselworte
Ideale, Motivation, Aufgeschlossenheit, Reisen, Expansion

Eigenschaften
offen, wissbegierig, selbstgefällig, enthusiastisch

„Hier gilt es, Schütze, deine Kunst zu zeigen,
das Ziel ist würdig, und der Preis ist hoch!“
(Friedrich Schiller)

Steinbock

„Ich vollende!“

Verantwortung übernehmen
ein Werk vollbringen
Norm und Struktur vertreten

Herrscherplanet
Saturn

Schlüsselworte
Geduld, Beharrlichkeit, Konsequenz, Pflichtbewusstsein, Disziplin

Eigenschaften
nüchtern, klar, sachlich, asketisch, ernst, verschlossen

„Was lange währt, wird endlich gut!“

Wassermann

„Ich weiß!“

Individualität und Unabhängigkeit
das Stürzen alter Werte, um sie durch neue zu ersetzen
geistige Überlegenheit

Herrscherplaneten
Saturn und Uranus

Schlüsselworte
Inspiration, Abstraktion, Rebellion, Freiheit,
Gleichheit, Utopia

Eigenschaften
intelligent, progressiv, originell, skurril, emotional unreif

„Ich wollte frei sein,
frei sein, um zu tun, was mir meine Einfälle diktierten!“
(Henry Miller)

♓

Fische

„Ich glaube!“

Urvertrauen entwickeln
mit dem Strom des Lebens schwimmen
Anteilnahme und Mitgefühl

Herrscherplaneten
Jupiter und Neptun

Schlüsselworte
Transzendenz, Feinfühligkeit, Phantasie,
Sucht, Auflösung

Eigenschaften
intuitiv, einfühlsam, sanft, verführbar, heilend

„Stille Wasser sind tief!“

Jahreszeitliche Entsprechungen zu den Tierkreiszeichen

Widder
Der Aufbruch der Kräfte im Frühling, die Saat geht auf und drängt in die Welt.

Stier
Die Pflanzen schlagen Wurzeln, die Säfte steigen nach oben, es ist der „Wonnemonat Mai …“

Zwillinge
Die Zeit zwischen Frühling und Sommer, „es liegt was in der Luft …“, die Schmetterlinge und Insekten tanzen fröhlich im Wind und fliegen von Blume zu Blume.

Krebs
Sommersonnenwende (21. Juni), die Tage werden wieder kürzer, die Natur bietet ein Bild der Fruchtbarkeit, es ist die Zeit der Fruchtbildung.

Löwe
Es ist Hochsommer, die Früchte entfalten sich zu voller Reife, alles steht in voller Blüte.

Jungfrau
Die Zeit der Ernte, die Erde wird wieder zu jungfräulichem Boden, zu Brachland, das Geerntete wird zu Nahrung.

Waage
Tagundnachtgleiche (21. September), Ausgewogenheit zwischen sommerlicher Hitze und winterlicher Kälte, die milde Herbstsonne taucht alles in ein warmes, weiches Licht.

Skorpion
Die Natur stirbt endgültig ab, was nicht geerntet wurde, verwest … und wird zum Dünger für neues Leben; die Zeit der Wintersaat: während die alten Früchte sterben, wird das neue Keimen schon vorbereitet.

Schütze
Die dunkelste Zeit des Jahres (die kürzesten Tage), die Adventszeit, Kerzen werden angezündet (= Streben nach Licht), die Natur hüllt sich in tiefes Schweigen.

Steinbock
Wintersonnenwende (21. Dezember), die Tage werden wieder länger, Weihnachten steht für die Ankunft des Lichts, das Samenkorn tief unter der kalten Wintererde überwindet den eisigen Tod, indem es seine Kräfte sammelt und konzentriert.

Wassermann
Kühler, klarer, stiller Winter – und: die Narrenzeit (die „drei tollen Tage", die Karnevalszeit) – das Samenkorn beginnt tief in der Erde zu keimen.

Fische
Übergang vom Winter zum Frühling, Schneeschmelze, Fastenzeit, ein Zyklus geht zu Ende, während das Neue schon darauf wartet, geboren zu werden.

7. Die Häuser

Die Häuser zeigen die Lebensbereiche an, in denen sich die Themen und Ereignisse im Leben eines Menschen abspielen. Sie sind „der Ort des Geschehens".

Jeder der elf Planeten steht in einem der zwölf Häuser. Durch die Stellung des Planeten in einem bestimmten Haus (= Lebensbereich) zeigt sich, wo im Leben eines Menschen das betreffende Thema vorrangig zum Ausdruck kommt.

Häufig ist es so, dass zwei oder mehrere Planeten zusammen in einem Haus stehen. Auf diese Weise werden die entsprechenden Themen im selben Lebensbereich wirksam.

Es ist auch üblich, dass in einigen Häusern gar keine Planeten stehen (dies ergibt sich schon allein durch die Tatsache, dass es zwar zwölf Häuser, aber nur elf Planeten gibt).

Die Häuser, in denen keine Planeten stehen, sind in der Regel nicht so bedeutsam für das jeweilige Horoskop wie diejenigen Häuser, in denen einer oder mehrere Planeten stehen (Ausnahme: es handelt sich um das 1. Haus oder in dem betreffenden Haus befindet sich einer der Mondknoten, vgl. S. 66 und S. 85).

Für die Deutung von Häusern, also von Lebensbereichen, in denen keine Planeten stehen, sind die Tierkreiszeichen, die diese Häuser prägen, von besonderer Bedeutung.

Anders als die Tierkreiszeichen sind die Häuser oft unterschiedlich groß. D. h. sie erstrecken sich nicht immer, wie die Tierkreiszeichen, über eine gleich lange Strecke von je 30 Grad (vgl. S. 46), sondern ihr Volumen ist mal größer, mal kleiner.

Herrscherplaneten

Ebenso wie die Tierkreiszeichen hat jedes Haus mind. einen Planeten, mit dem es „auf gleicher Wellenlänge" schwingt. Die entsprechenden Planeten nennt man Herrscherplaneten, da sie in dem jeweiligen Haus sozusagen herrschen. So ist z. B. der Saturn der Herrscher des 10. Hauses. Der Planet Saturn und das 10. Haus ähneln sich also in ihrer thematischen Ausrichtung.

Steht in einem Horoskop der Herrscherplanet in „seinem" Haus (und nicht in einem der anderen elf Häuser), dann kommt es zu einer besonders starken Ausprägung des Prinzips dieses Lebensbereichs im Leben dieses Menschen. Steht ein Planet hingegen in einem Haus, das seinem Wesen eher entgegensteht, (z. B. der Planet Venus im 1. Haus), dann ergibt sich eine reizvolle Verbindung zweier sehr unterschiedlicher Prinzipien.

Ebenso wie bei den Tierkreiszeichen ist die Zuordnung der Planeten zu den Häusern nicht ganz „perfekt". So gibt es z. B. einige Häuser, denen gleich zwei Planeten zugeordnet sind (das 8. Haus beispielsweise hat als Herrscherplaneten Mars und Pluto). Und es gibt einen Planeten, der nicht nur einem, sondern gleich zwei Häusern zugeordnet wird (Merkur ist der Herrscherplanet im 3. Haus und im 6. Haus). Dagegen ist der erst kürzlich entdeckte Planet Chiron bislang noch keinem Haus zugeordnet worden.

Unterschiedliche Häusersysteme

Im Laufe der Zeit haben sich unterschiedliche Weisen entwickelt, die Häuser eines Horoskops zu berechnen. So gibt es heute verschiedene Häusersysteme, die jeweils den Namen ihres Schöpfers tragen. Das am weitesten verbreitete Häusersystem ist das System nach Placidus. Ein weiteres bekanntes Häusersystem ist das System nach Koch. Je nach Häusersystem kann die Größe der Häuser und ihre Lage etwas variieren.

1. Haus

Der Bereich der Identität!

Die Art und Weise,
auf andere und auf Vorhaben zuzugehen
die Grundstimmung im Leben
die (äußere) Erscheinung

analog zum Sternzeichen Widder
Herrscherplanet Mars

Schlüsselworte
Temperament, Typ, Image, Lebensgefühl, Selbstausdruck

„… das ist meine Art, es zu tun!“

2. Haus

Der Bereich der Sicherheit!

das Vermögen
Erwerbsfähigkeit und Besitzverhältnisse
Talente und Fähigkeiten
Gewinn und Verlust

analog zum Sternzeichen Stier
Herrscherplanet Venus

Schlüsselworte
Eigentum, Lebensunterhalt, Finanzen, Umgang mit Geld

„Wir entdecken nur, was uns wirklich trägt,
wenn alles andere, von dem wir dachten, es trüge uns,
uns nicht mehr trägt!“
(C. G. Jung)

3. Haus

Der Bereich der Bildung!

die Art und Weise des Denkens
Alltagserfahrungen machen
Lernen auf der gesellschaftlichen und
intellektuellen Ebene

analog zum Sternzeichen Zwillinge
Herrscherplanet Merkur

Schlüsselworte
Kommunikation, Wahrnehmung, Ausdruckskraft,
Interaktion, gesunder Menschenverstand

„Wer ist weise?
Der von jedem Menschen lernt!“
(aus dem Talmud)

4. Haus

Der Bereich der Familie!

die seelische Identität
das psychologische Familienerbe
die Art zu wohnen
das Gemüt

analog zum Sternzeichen Krebs
Herrscherplanet Mond

Schlüsselworte
Heim, Herkunft, Verwurzelung,
Lebensgemeinschaft, Matrix

„Der Apfel fällt nicht weit vom Stamm!"

5. Haus

Der Bereich des Spiels!

das innere Kind
die pure Freude am Selbstausdruck
Lebenslust und Kreativität

analog zum Sternzeichen Löwe
Herrscherplanet Sonne

Schlüsselworte
Kunst, Vergnügen, Flirt, Erotik, Liebesspiele, Spaß, Kinder

„Sei der Star in deinem eigenen Film!“
(Ken Kesey)

6. Haus

Der Bereich der Arbeit!

soziale Einordnung und Anpassung
Arbeitsweise und Arbeitsinhalt
das Verhältnis zwischen Körper und Geist

analog zum Sternzeichen Jungfrau
Herrscherplanet Merkur

Schlüsselworte
Dienst, Verpflichtungen, Selbsteingliederung,
Gesundheit, Arbeit

„Carpe diem!“
(Nutze den Tag!)

7. Haus

Der Bereich der Partnerschaft!

Selbsterfahrung durch Begegnung
Geben und Nehmen in Beziehungen
Bindungsfähigkeit und -bereitschaft

analog zum Sternzeichen Waage
Herrscherplanet Venus

Schlüsselworte
Zweierbeziehung, Ehe, Du, Projektion,
Teilhaber, Feinde

*„Getrieben von der Macht der Liebe
suchen die Teile der Welt einander,
damit die Welt entstehen kann."
(Pierre Teilhard de Chardin)*

8. Haus

Der Bereich der Transformation!

Sexualität, Tod und Erneuerung
die Auseinandersetzung mit dem „Anderen“ (in uns)
der fortwährende Prozess

analog zum Sternzeichen Skorpion
Herrscherplaneten Mars und Pluto

Schlüsselworte
Tabus, Krisen, Machtkämpfe, Grenzerfahrungen, Überwindung

„Stirb und werde!“

9. Haus

Der Bereich der Sinnsuche!

das höhere Denken
Verbindung zum Höheren Selbst
die Erweiterung der Horizonte durch
innere und äußere Reisen

analog zum Sternzeichen Schütze
Herrscherplanet Jupiter

Schlüsselworte
Lebensanschauung, Weltbild, Philosophie, Religion,
Glaube, geistige Ziele

„Der Weg ist das Ziel!"

10. Haus

Der Bereich der Lebensziele!

das Wirken in der Öffentlichkeit
Beruf und Berufung
die gesellschaftliche Position
der Lebenserfolg

analog zum Sternzeichen Steinbock
Herrscherplanet Saturn

Schlüsselworte
Ruf, Status, Karriere, Ansehen,
Autorität, Anerkennung

*„Miss nie die Höhe eines Berges,
bevor du den Gipfel erreicht hast.
Dann erst wirst du sehen, wie klein er war."
(Dag Hammarskjöd)*

11. Haus

Der Bereich der Freundschaft!

der Freundeskreis
Identifikation mit einer größeren Gemeinschaft
untereinander verflochten sein

analog zum Sternzeichen Wassermann
Herrscherplaneten Saturn und Uranus

Schlüsselworte
Gruppenbewusstsein, Teamgeist, Kooperation,
Seelenverwandtschaft, Wahlverwandtschaften

„Man sagt, dass es im Himmel Indras ein Netz von Perlen gibt, die so geordnet sind, dass man alle anderen sich in einer Einzigen von ihnen spiegeln sieht."
(aus dem Sanskrit)

12. Haus

Der Bereich des Verborgenen!

das Meer des Unbewussten
das Unfassbare, Verschwommene, Grenzenlose
sich nach innen wenden

analog zum Sternzeichen Fische
Herrscherplaneten Jupiter und Neptun

Schlüsselworte
Mystik, Transzendenz, Innenschau, Einsamkeit, Verdrängung, Heimlichkeiten, Leiden, Verluste, Opfer, Verklärung

„Wenn die Fenster der Wahrnehmung rein wären,
erschiene den Menschen alles, wie es ist:
unendlich.“
(William Blake)

Häuser, Zeichen und Planeten

Je ein Haus, ein Tierkreiszeichen und ein oder zwei Planet(en) stehen thematisch miteinander in Verbindung. Das Wissen um diese Verbindungen erleichtert die Deutung eines Horoskops sowie das grundsätzliche Verständnis astrologischen Denkens.

Haus	*Zeichen*	*Herrscherplaneten*
1. Haus	Widder	Mars
2. Haus	Stier	Venus
3. Haus	Zwillinge	Merkur
4. Haus	Krebs	Mond
5. Haus	Löwe	Sonne
6. Haus	Jungfrau	Merkur
7. Haus	Waage	Venus
8. Haus	Skorpion	Mars, Pluto
9. Haus	Schütze	Jupiter
10. Haus	Steinbock	Saturn
11. Haus	Wassermann	Saturn, Uranus
12. Haus	Fische	Jupiter, Neptun

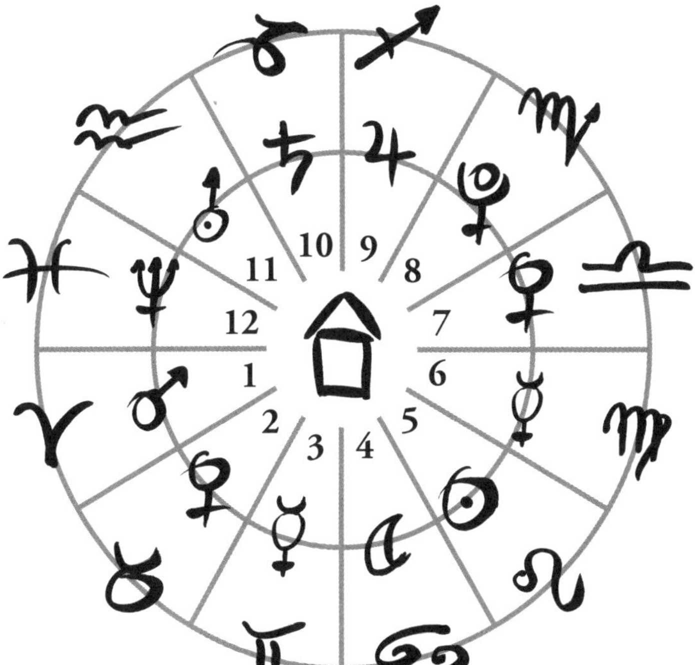
10
9
11
8
12
7
1
6
2
5
3
4

8. Der Aszendent

Der Aszendent ist der Punkt in einem Geburtshoroskop, der zum Zeitpunkt der Geburt, am Geburtsort, am östlichen Horizont aufsteigt. Dieser Punkt steht, so wie jeder der elf Planeten, in einem der zwölf Tierkreiszeichen. Wenn z. B. das Tierkreiszeichen Jungfrau zum Zeitpunkt der Geburt, am Geburtsort, am östlichen Horizont aufsteigt, dann hat der Betreffende den „Aszendenten Jungfrau".

Der Aszendent markiert die Spitze des 1. Hauses. Damit bildet er den Ausgangspunkt zur Einteilung des Horoskops in die zwölf Häuser (vgl. S. 63). Die Thematik des Aszendenten und die des 1. Hauses ist annähernd dieselbe (vgl. S. 66).

Neben der Stellung der Sonne ist der Aszendent einer der wichtigsten Faktoren bei der Deutung eines Horoskops. Planeten, die in der Nähe des Aszendenten stehen, also am Anfang des 1. Hauses oder am Ende des 12. Hauses, unterstreichen die Qualität des Aszendenten, ähnlich wie bei einer Konjunktion (vgl. S. 38).

Die Gesamtheit der Aspekte, die der Aszendent mit den Planeten im Horoskop eingeht, zeigt die Art und Weise seiner Einbindung in das „Themengesamtbild" eines Menschen (vgl. S. 35).

Kuriosum

Durch die schräge Stellung der Ekliptik steigen die zwölf Tierkreiszeichen, je nach Standpunkt auf der Erde, unterschiedlich schnell auf. So kommt es zu einer unterschiedlichen Verteilung von Aszendenten-Zeichen in den Geburtshoroskopen der Menschen auf der nördlichen und der südlichen Halbkugel der Erde.

Während auf der nördlichen Halbkugel das Tierkreiszeichen Fische das am schnellsten aufsteigende Zeichen ist (rund 30 Minuten) und das Zeichen Jungfrau am langsamsten aufsteigt (rund drei Stunden), verhält es sich auf der südlichen Halbkugel genau umgekehrt.

Damit sind auf der nördlichen Halbkugel vor allem die Zeichen Jungfrau, Löwe und Waage als Aszendenten weit verbreitet, während auf der südlichen Halbkugel die Zeichen Fische und Widder häufiger als andere Zeichen den Aszendenten ausmachen.

AC

Aszendent

Ich trete ins Leben!

das Tor, durch das wir der Außenwelt entgegentreten

der Selbstausdruck
das Muster der Mentalität
der persönliche Zugang zum Leben
wie man in der Welt agiert
„ich nach außen hin“

„Wonach wir Ausschau halten,
ist das Schauen!“
(Franziskus von Assisi)

9. Die Mondknoten

Als Mondknoten bezeichnet man die Schnittpunkte der Laufbahn des Mondes mit der der Sonne, von der Erde aus betrachtet. Dabei handelt es sich um theoretische Punkte; die Mondknoten sind nicht direkt am Himmel sichtbar. Manchmal kann man sie jedoch indirekt am Himmel sehen, und zwar bei einer Sonnen- oder Mondfinsternis. Dabei treffen die Sonne und der Mond mit einem oder beiden Mondknoten zusammen.

Die beiden Mondknoten, der aufsteigende und der absteigende, liegen sich in jedem Horoskop genau gegenüber. Über die so genannte Mondknotenachse stehen beide miteinander in Verbindung.

Die Mondknotenachse gibt einen essenziellen Einblick in die Natur eines Horoskops. Sie zeigt die grundlegende Thematik, um die es für den jeweiligen Menschen geht. Diese wird in der Regel auch durch andere Konstellationen im Horoskop ausgedrückt.

Bei der Deutung der Mondknoten ist vor allem die jeweilige Häuserstellung von Bedeutung. Dagegen sind die Tierkreiszeichen, in denen die Mondknoten stehen, weniger bedeutsam.

Da sich die Mondknoten genau gegenüber stehen, kommt es bei einem Aspekt eines Planeten oder des Aszendenten mit einem der beiden Mondknoten gleichzeitig immer auch zu einem Aspekt mit dem anderen der beiden Mondknoten.

☋

Absteigender Mondknoten

Die Vergangenheit

alte Muster und Verhaltensweisen
Gewohnheiten und Süchte
das Geerbte

Gefahr der Stagnation

Steht karmisch für
das, was wir im vorherigen Leben angestrebt haben

Ziel
Überwinden!

„Im Leben ist nichts vorbei,
was nicht hundertprozentig erledigt wurde.“

☊

Aufsteigender Mondknoten

Die Zukunft

innere Entwicklungsrichtung
sich unerprobten Erfahrungen stellen
das Neue

Erfüllung, Bestimmung, Schicksal

Steht karmisch für
die jetzige Lebenslektion, die Lebensaufgabe

Ziel
Weiterentwicklung!

„Der Mensch ist gefordert,
sich zu dem zu machen, der er werden soll,
um sein Schicksal zu erfüllen.“

Die Mondknotenachse

Während das Thema des absteigenden Mondknotens eher etwas entwicklungshemmend wirkt und häufig als Bremse wahrgenommen wird, zeigt dagegen der aufsteigende Mondknoten die herausfordernde, neue Richtung im Leben eines Menschen.

Was soll ich in diesem Leben lernen?

Diese Frage beantwortet die Mondknotenachse. Dabei spielen die Planeten „die Rolle eines Instruments, einer Art riesiger Orgel (...). Wir entwickeln die Eigenschaften der einzelnen Planeten-Pfeifen über die Häuser und Tierkreiszeichen, bis sie einen starken sauberen Klang hervorbringen. Wir stimmen diese Töne in Harmonie aufeinander ab, indem wir an den verschiedenen Aspekten arbeiten, die sie miteinander in Verbindung setzen. Und auf diesem Instrument spielen wir dann die Melodie unserer Mondknoten."[3]

Der aufsteigende Mondknoten wird auch „Drachenkopf" genannt, der absteigende Mondknoten „Drachenschwanz".

10. Die Deutung eines Horoskops

Wer dieses Buch zur Deutung seines Geburtshoroskops nutzen möchte, benötigt dazu eine entsprechende Horoskopskizze bzw. einen Computerausdruck. Ein solcher Ausdruck lässt sich ganz einfach über das Internet erhalten (Astro-Websites, astrologische Software etc.) oder auch über astrologische Dienste bzw. einige esoterische Buchläden. Dazu werden folgende Angaben benötigt:

- der Geburtstag
- die genaue Geburtszeit
- der Geburtsort

Bei der Frage nach dem gewünschten Häusersystem empfiehlt es sich, „Placidus" anzugeben, dies ist das gebräuchlichste Häusersystem (vgl. S. 65). Mit diesen Angaben kann ein Computer in Sekundenschnelle das individuelle Geburtshoroskop als Skizze erstellen.

Viele astrologische Dienste bieten mit dem Ausdruck der Horoskopskizze zugleich deren Deutung auf der Basis eines Computerprogramms an. Solche Deutungen sind meist sehr allgemein gehalten, da ein Computer immer nur einzelne Teile des Horoskops darstellen kann, jedoch nicht zu einem Verständnis der eigentlichen Essenz eines Horoskops in der Lage ist.

Wer neben den eigenen Bemühungen, sein Geburtshoroskop zu deuten, weitere Quellen zu Rate ziehen möchte, dem ist zu empfehlen, einen erfahrenen Astrologen aufzusuchen und sich von diesem sein persönliches Geburtshoroskop erstellen zu lassen. Die Deutung findet in der Regel in einem persönlichen Gespräch statt.

Wer sein Leben nach einer bestimmten Lebensanschauung ausrichtet, der sollte bei der Auswahl des Astrologen darauf achten, dass dessen Lebensanschauung zu der eigenen passt. So gibt es z. B. Astrologen, die ein Horoskop überwiegend nach psychologischen Gesichtspunkten deuten, während andere wiederum karmische Gesichtspunkte in den Mittelpunkt der Deutung stellen.

Anhaltspunkte zur Deutung des Geburtshoroskops

Das Geburtshoroskop ist die Grundlage aller astrologischen Deutungen. Es zeigt die individuellen Anlagen einer Person sowie deren spezifische Eigenschaften und wichtigste Lebensthemen.

Dies sind die wichtigsten Anhaltspunkte zur Deutung eines Geburtshoroskops:

1. Wo steht die Sonne? In welchem Zeichen? In welchem Haus?
2. Wo steht der Mond? In welchem Zeichen? In welchem Haus?
3. Wo ist der Aszendent? In welchem Zeichen?

4. Wie sieht das 1. Haus aus? Welche Planeten stehen darin? Welches Zeichen ist bestimmend?
5. Wo befinden sich die „Ballungszentren“ im Horoskop? Welche Zeichen bzw. Häuser sind besonders stark besetzt? Gibt es Konjunktionen?
6. Wo befinden sich die „Hauptlinien“ im Horoskop? An welchen Aspekten sind besonders viele Planeten beteiligt? Gibt es Aspekte, die sehr exakt sind?
7. Wo stehen die Mondknoten? In welchen Häusern? In welchen Zeichen?
8. Wie ist die Verteilung der Planeten auf den Ebenen
   - männlich/weiblich? (> S. 103)
   - kardinal/fix/beweglich? (> S. 104)
   - Feuer/Erde/Luft/Wasser? (> S. 105)
9. Wie sieht das Bild des Horoskops als Ganzes aus? Was ergibt sich insgesamt für eine Struktur? Welche Art von Aspekten ist häufiger als andere? Welche Zeichen, Planeten und Häuser sind am prägendsten?
10. Was ist die Essenz des Horoskops? Worum geht es im Kern für diesen Menschen?

Hinweis: Planeten, die an der Grenze zwischen zwei Zeichen und/oder zwei Häusern stehen, erhalten ihre Prägung sowohl durch das eine als auch durch das andere Zeichen bzw. Haus. Dabei ist immer das Zeichen oder Haus, das entgegen dem Uhrzeigersinn liegt, das also der Drehungsrichtung des Planeten folgt, das Bestimmende.

Analyse und Intuition

Die genaue und detaillierte Analyse aller bedeutenden Zusammenhänge eines Horoskops ist eine wichtige Sache. Mindestens ebenso wichtig ist es aber, vor allem bei der Deutung des eigenen Geburtshoroskops, auch der eigenen Intuition zu folgen.

Ein Horoskop ist ein Diagramm von Energiemustern. Diesen Energiemustern und deren Anordnung gilt es, auf die Schliche zu kommen und so die Essenz des jeweiligen Horoskops herauszukristallisieren. Neben einem fundierten astrologischen Grundwissen und einer Analyse sämtlicher Details helfen dabei eine gute Intuition, eine kreative Grundausrichtung und ein offener Geist.

Tipp: Als zusätzliche Lektüre für die Deutung des eigenen Geburtshoroskops sowie für weitere astrologische Studien empfehle ich insbesondere das Buch „Schlüsselworte zur Astrologie“ von Hajo Banzhaf und Anna Haebler (Hugendubel Verlag).

11. Ein Beispielhoroskop: Johann Wolfgang von Goethe

„Goethe wird allgemein als der größte deutsche Dichter angesehen. Er verfaßte auch umfangreiche autobiographische Schriften (…), betrieb naturwissenschaftliche Studien in den Bereichen Botanik, Anatomie, Zoologie, Mineralogie, Meteorologie, Optik und Farbenlehre. Betätigte sich zudem als Zeichner und Maler.“[4]

Die folgende Deutung des Geburtshoroskops von Johann Wolfgang von Goethe soll beispielhaft zeigen, wie die Deutung eines Horoskops anhand des 10 Punkte-Rasters auf S. 90 aussehen kann:

Schaut man sich das Geburtshoroskop von Johann Wolfgang von Goethe an (siehe S. 101), dann fällt eines sofort auf: die zentrale Stellung der Sonne, direkt am Medium Coeli (MC), an der Spitze des 10. Hauses, über allen anderen Planeten thronend. So galt es für Johann Wolfgang von Goethe vor allem, seine Persönlichkeit zu entfalten, und dies in einer Weise, die gesellschaftliche Anerkennung mit sich bringt. Tatsächlich wurde er im Laufe seines Lebens zu einer öffentlichen Person, zu einer Autorität für die Menschen. Die Sonne steht im Zeichen Jungfrau, was darauf hin deutet, dass er ein Mensch war, den es danach verlangte, den Dingen Struktur und Ordnung zu verleihen; dies fand u. a. in seinen vielseitigen Studien auf den unterschiedlichsten Wissensgebieten seinen Ausdruck. Die Sonne steht in Opposition zum Mond, die durch den großen Orbis (6 Grad Abweichung) nicht so prägend ist, aber dennoch einen leichten Widerspruch zwischen Goethes gesellschaftlichem Wirken und seiner inneren Gefühlswelt andeutet. Der Mond steht im Zeichen Fische, was ihm eine gewisse Feinfühligkeit verliehen haben dürfte sowie seine Intuition unterstützt haben mag, zugleich aber auch seine Verführbarkeit. Der Mond steht im 4. Haus, dem Haus der Familie und der Herkunft. So dürfte für Goethe das Zuhause bzw. die Verwurzelung in einer wie auch immer gearteten Beziehung stets von Bedeutung gewesen sein, auch wenn seine vielseitigen Studien und Aktivitäten und seine gesellschaftliche Stellung eine gewisse Beständigkeit in diesem Bereich wohl dauerhaft untergraben haben dürften. Ein weiterer Aspekt, der seine Unentschiedenheit in persönlichen Beziehungen sicherlich verstärkte, ist die Stellung des Planeten Chiron im Zeichen Waage. Damit lag seine größte Verletzlichkeit in der persönlichen Begegnung mit anderen Menschen, in der „Vereinigung mit dem Du“, wodurch dieser Bereich in seinem Leben wohl wenig ausgeglichen war. Hinzu kommt, dass der Planet Chiron zu den beiden Mondknoten im Quadrat steht, was eine weitere Spannung im Horoskop schafft, die auf ein karmisches, also in einem früheren Leben begründet liegendes Problem hinweisen kann.

Goethes Aszendent ist das Zeichen Skorpion, und direkt auf dem Aszendenten steht, aus dem 12. Haus kommend, der Planet Saturn (mit nur 2 Grad Abstand). Dies ist die einzige Konjunktion im Horoskop Goethes; dabei vermischt sich die Energie des Aszendenten (= Art des

Selbstausdrucks) mit der des Planeten Saturn (= Struktur, Pflichtbewusstsein, Durchhaltevermögen etc.). Nicht zuletzt sorgte wohl vor allem diese Konstellation dafür, dass Goethe Zeit seines Lebens in seinem Selbstausdruck – und damit in seinem gesamten dichterischen und naturwissenschaftlichen Werk – in besonderer Weise den Archetypen des Saturn verkörperte, mit seiner väterlichen, weisen Ausstrahlung (dies ist vor allem im „Faust" spürbar, in Form wie Inhalt dieses epochalen Werkes).
Unweit vom Aszendenten, im 1. Haus, steht außerdem der Planet Pluto, mit seiner jenseits aller moralischen Wertung stehenden, archaischen Kraft, Themen wie Macht, Ohnmacht und seelische Verstrickungen auf den Plan bringend. Da Pluto der einzige Planet im 1. Haus ist, übt er besonderen Einfluss auf die Gesamtkonstellation im Horoskop aus. Der Aszendent wie auch die Planeten Saturn und Pluto stehen alle drei im Zeichen Skorpion, wodurch Themen wie Macht, Begehren und Triebhaftigkeit, aber auch Transformation und Loslassen angerührt werden. Durch die Stellung in dem ihm angestammten Zeichen Skorpion, also in seinem Domizil, wird Pluto zudem in besonderem Maße gestärkt. So ist es denn auch nicht verwunderlich, wenn eines der bekanntesten Zitate aus dem „Faust" das Wesen von Pluto sehr treffend auf den Punkt bringt: „Ich bin ein Teil von jener Kraft, die stets das Böse will, und doch das Gute schafft." Angesichts der dominanten Stellung Plutos in Goethes Horoskop lässt sich durchaus feststellen: Hier spricht Goethe höchstpersönlich!

Darüber hinaus steht Pluto im Quadrat zu Merkur, dem Planeten, der für Kommunikation, Sprache und Denken steht. Merkur steht im Zeichen Löwe, was ihm eine Ich-betonte Färbung, aber auch eine gewisse Ausdrucksstärke verleiht. Dass Pluto und Merkur im Quadrat zueinander stehen, deutet auf eine Spannung zwischen diesen beiden Archetypen hin, die jedoch im Falle Goethes, wie man wohl sagen kann, sehr kreative Früchte getragen hat.

Ein weiteres Quadrat besteht zwischen der Konjunktion „Aszendent/Saturn" und dem Planeten Uranus, der für Unabhängigkeit, Originalität und die Überwindung alter Strukturen steht. Uranus steht im Zeichen Wassermann, in dem ihm angestammten Zeichen, also in seinem Domizil, wodurch er eine besonders starke Position innerhalb dieses Aspektes hat. So wirken erneuernde, befreiende Kräfte spannungsreich auf die Konjunktion „Aszendent/Saturn" und bringen wichtige Impulse ein, die im Leben Goethes sicherlich eine dynamisierende Rolle spielten.
Ein weiterer Aspekt unter Beteiligung der Konjunktion „Aszendent/Saturn" ist ein – allerdings schwaches – Trigon zum Mond, wodurch der Mond, ähnlich wie in der Opposition zur Sonne, zwar ein Wörtchen mitzureden hat, jedoch wiederum keinen sonderlich prägenden Einfluss ausübt.

In dem Geburtshoroskop von Goethe gibt es kaum Konjunktionen, und so sind auch keine rechten „Ballungszentren" auszumachen. Vielmehr sind die elf Planeten und die beiden Mondknoten weitläufig auf die zwölf Häuser verteilt, nur drei Häuser bleiben unbesetzt: das 5., das 6. und das 7. Haus. Dass das 7. Haus, der Bereich der Partnerschaft, der Zweierbeziehung, unbesetzt bleibt, zeigt im übrigen, dass die bereits erwähnte, mit Schwierigkeiten belastete Beziehungsthematik Goethes zwar wichtigen Lernstoff für ihn beinhaltet haben dürfte, aber in seinem Leben offenbar nicht im Vordergrund stand.

Dadurch, dass es kaum Konjunktionen in Goethes Horoskop gibt, fällt es zudem schwer, darin „Hauptlinien" herauszuarbeiten. Dennoch lassen sich einige besonders prägende Aspekte finden. Da sind zum einen die beiden Oppositionen: die bereits erwähnte, leichte Sonne-Mond-Opposition, sowie die besonders prägende, da ziemlich exakte Venus-Jupiter-Opposition (weniger als 1 Grad Abweichung).
Bei dieser Opposition steht auf der einen Seite die Venus im Zeichen Jungfrau, im 10. Haus. Damit dürfte Goethes Hingabefähigkeit, sein Liebesleben, eine eher zurückhaltende, zweckmäßige Prägung erfahren haben. Am anderen Ende dieser Opposition steht Jupiter im Zeichen Fische, im 4. Haus. Diese Stellung verleiht Jupiter, der für Zuversicht, Fülle und Erweiterung steht, eine selbstlose, aber auch schwärmerische Ausstrahlung, ein Wesenszug, der insofern auch für Goethe gegolten haben dürfte. Bei dieser Opposition spielt Jupiter den stärkeren Part, da er in einem ihm angestammten Zeichen, nämlich Fische, steht. Insgesamt deutet die Opposition auf einen Widerspruch der Archetypen der Planeten Venus und Jupiter hin und zeigt damit einmal mehr die auch an anderen Stellen im Horoskop sichtbar werdende, offensichtliche Schwierigkeit Goethes, das Thema Beziehung in Einklang zu bringen mit seiner Suche nach dem Lebenssinn.

Weitere „Hauptlinien“ in Goethes Horoskop sind vor allem die zwei „großen Trigone“ – so nennt man es, wenn gleich drei Planeten über drei Trigone miteinander verbunden sind, so dass sich ein großes, gleichschenkliges Dreieck ergibt. Das erste, ziemlich exakte „große Trigon“ vereint die Planeten Pluto, Jupiter und Neptun. Zusätzlich sind Pluto und Neptun noch über Sextile mit der Venus verbunden, so dass hier gleich vier Planeten, nämlich Pluto, Jupiter, Neptun und Venus, sich allesamt in ihren Kräften unterstützen.
Das zweite „große Trigon“ vereint den Planeten Saturn, den Mond und den absteigenden Mondknoten, ist aber weniger prägend, da durch den großen Orbis bei der Mondstellung nicht so exakt.
Es heißt, „große Trigone“ förderten vor allem die kreativen Kräfte der Horoskopeigner.

Ein weiterer prägender Aspekt in Goethes Horoskop ist das Sonne-Mars-Trigon. Dabei unterstützt der im Zeichen Steinbock stehende Planet Mars, der thematisch für Durchsetzungskraft und Entschlossenheit steht, nachhaltig das Wirken der Sonne am MC, an der Spitze des 10. Hauses. Darüber hinaus dürfte die Stellung von Mars im 2. Haus (Thema: Lebensunterhalt, Finanzen) dafür gesorgt haben, dass es Goethe immer wieder gelang, die notwendigen finanziellen Mittel für seinen aufwändigen Lebensstil aufzutreiben.
Ebenfalls im 2. Haus und im Zeichen Steinbock steht der aufsteigende Mondknoten, was darauf hindeutet, dass sowohl das 2. Haus mit seinem „Gewinn und Verlust“-Thema als auch das Zeichen Steinbock mit seinen Themen

wie Verantwortung, Konsequenz und Disziplin eine besondere Bedeutung in Goethes Leben gehabt haben dürften (Herrscher des Zeichens Steinbock ist übrigens der Planet Saturn, der ja schon durch seine Konjunktion mit dem Aszendenten als einer der prägendsten Planeten in Goethes Horoskop ausgemacht wurde).

Was die Verteilung der Planeten auf männliche und weibliche Zeichen angeht, so lässt sich feststellen, dass nahezu alle Planeten in Goethes Horoskop in weiblich geprägten Zeichen stehen. Dies deutet darauf hin, dass Goethe grundsätzlich eine eher passive, aufnehmende Ausrichtung in seinem Wesen gehabt haben dürfte. Dagegen ist die Verteilung der Planeten auf kardinale, fixe und bewegliche Zeichen sehr ausgewogen, so dass hier keine besondere Betonung eines der drei Prinzipien festgestellt werden kann. Bei der Verteilung der Planeten auf Feuer-, Erd-, Luft- und Wasserzeichen kommt es erneut zu einer starken Betonung einer bestimmten Richtung: So überwiegen eindeutig die drei Wasser- und die drei Erdzeichen (diese sind identisch mit den sechs weiblichen Zeichen). Die starke Betonung der Erdzeichen deutet auf ein solides, beständiges Temperament Goethes hin, die starke Betonung der Wasserzeichen auf ein empfindsames und feinfühliges Temperament.

Zusammenfassend lässt sich sagen: Die wichtigsten Zeichen im Geburtshoroskop Goethes sind die Zeichen Skorpion (hier stehen Pluto, Saturn und der Aszendent), Jungfrau (hier stehen Sonne, Venus und der MC) sowie Steinbock (hier stehen Mars und der aufsteigende Mondknoten).

Johann Wolfgang von Goethe

Geburtsdatum: 28. August 1749
Geburtszeit: 11:25:16 GMT
Geburtsort: Frankfurt am Main (8:40:55 O/50:06:44 N)

☉ Sonne	05:10	♍ Jungfrau
☾ Mond	11:52	♓ Fische
☿ Merkur	25:56	♌ Löwe
♀ Venus	26:24	♍ Jungfrau
♂ Mars	03:33	♑ Steinbock
♃ Jupiter	25:57	♓ Fische
♄ Saturn	15:13	♏ Skorpion
♅ Uranus	18:48	♒ Wassermann
♆ Neptun	26:35	♋ Krebs
♇ Pluto	27:34	♏ Skorpion
⚷ Chiron	16:52	♎ Waage
☊ Aufst. Mondknoten	16:56	♑ Steinbock
☋ Abst. Mondknoten	16:56	♋ Krebs
AC	17:38	♏ Skorpion
2. Haus	17:37	♐ Schütze
3. Haus	25:40	♑ Steinbock
MC	04:56	♍ Jungfrau
11. Haus	06:18	♎ Waage
12. Haus	29:36	♎ Waage

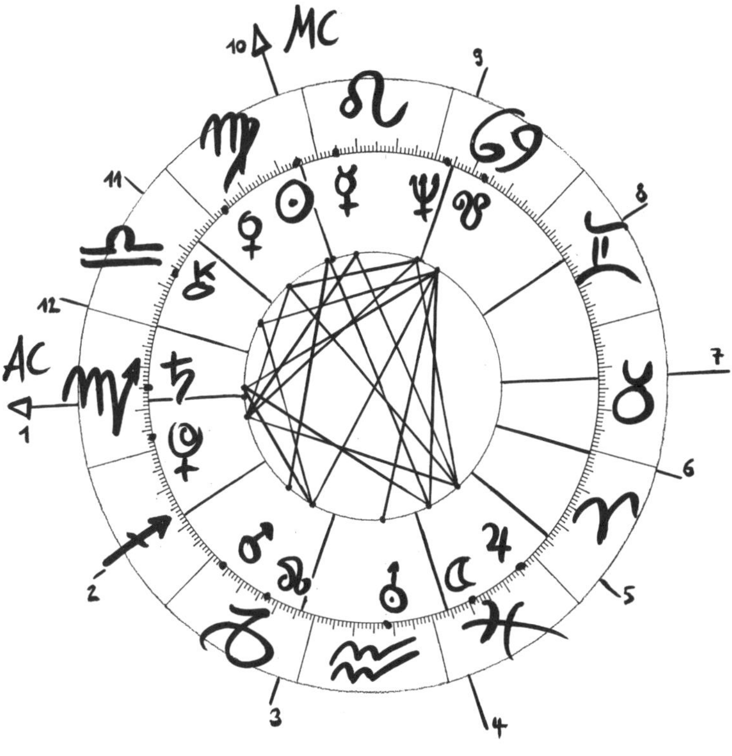
MC
10
9
8
7
6
5
4
3
2
1
AC
12
11

Weiterhin ist das Zeichen Fische von Bedeutung, in dem Mond und Jupiter stehen. Die elf Planeten sind weitläufig auf die Häuser verteilt, wobei insbesondere Saturn und Pluto (in Skorpion) sowie die Sonne (in Jungfrau) und der Mond (in Fische) das Bild bestimmen. Aber auch von den anderen Planeten steht keiner isoliert da. Vielmehr bringt sich jeder Planet über mehrere Aspekte in das Gesamtbild mit ein. Ähnlich vielfältig wie die Planetenstellungen sind auch die Aspekte: es gibt zwei „große Trigone“, zwei Oppositionen, vier Quadrate sowie einige Sextile und Quincunxe. Insgesamt überwiegen die harmonischen Aspekte. Letztlich ist die Essenz von Goethes Geburtshoroskop in der Stellung der Sonne am MC in Jungfrau sowie in der „Dreiheit“ Aszendent-Saturn-Pluto in Skorpion zu finden, sowie in der Stellung von Mars und aufsteigendem Mondknoten in Steinbock, im 2. Haus.

Hinweis: Geburtszeit und -ort zu dem Horoskop von Johann Wolfgang von Goethe stammen aus „Das Buch der Horoskope“ von Michael Roscher. Dort wird an entsprechender Stelle darauf hingewiesen, dass diese Angaben ursprünglich von Johann Wolfgang von Goethe selbst stammen.

12. Weitere Ebenen

Neben den bereits genannten Ebenen und Zusammenhängen zur Deutung eines Horoskops gibt es weitere Ebenen, die zu einem tieferen astrologischen Verständnis beitragen. Diese werden auf den folgenden Seiten kurz dargestellt, um den Grundlagenstoff dieses Buches abzurunden.

Männliche und weibliche Tierkreiszeichen

Die zwölf Tierkreiszeichen sind in sechs männliche und sechs weibliche Zeichen eingeteilt. Die sechs männlichen Zeichen haben eine eher aktive, erobernde Ausrichtung, während die sechs weiblichen Zeichen eine eher passive, aufnehmende Ausrichtung besitzen.

In der Abfolge der zwölf Tierkreiszeichen innerhalb des Tierkreises wechseln sich immer ein männliches und ein weibliches Zeichen miteinander ab.

Männliche Zeichen	*Weibliche Zeichen*
Widder	Stier
Zwillinge	Krebs
Löwe	Jungfrau
Waage	Skorpion
Schütze	Steinbock
Wassermann	Fische

Ein Vergleich grundlegend männlich und weiblich ausgerichteter Eigenschaften:

Männlich	*Weiblich*
aktiv	passiv
rational	intuitiv
objektiv	subjektiv
trennend	verbindend
extensiv	intensiv
linear	zirkulär

Kardinale, fixe und bewegliche Zeichen

Die zwölf Tierkreiszeichen sind in vier kardinale, vier fixe und vier bewegliche Zeichen aufgeteilt. Dabei entsprechen kardinale Zeichen „dem Aktionsprinzip und symbolisieren die zielgerichtete Anwendung von Energie. Fixe Zeichen repräsentieren konzentrierte Energie, die sich in einem Zentrum sammelt oder von einem Zentrum ausstrahlt. Bewegliche Zeichen entsprechen der Flexibilität und dem beständigen Wechsel zwischen den zwei anderen Energiemustern."[5]

In der Abfolge der zwölf Zeichen innerhalb des Tierkreises wechseln sich stets ein kardinales, ein fixes und ein bewegliches Zeichen miteinander ab.

Kardinale Zeichen	*Fixe Zeichen*	*Bewegliche Zeichen*
Widder	Stier	Zwillinge
Krebs	Löwe	Jungfrau
Waage	Skorpion	Schütze
Steinbock	Wassermann	Fische

Vergleich mit der Ebene männlich/weiblich:
Je zwei kardinale, fixe und bewegliche Zeichen sind männlich bzw. weiblich.

Feuer-, Erd-, Luft- und Wasserzeichen

Die zwölf Tierkreiszeichen sind in drei Feuerzeichen, drei Erdzeichen, drei Luftzeichen und drei Wasserzeichen aufgeteilt.

Die vier Elemente bilden die Ur-Substanz des Planeten Erde. Darüber hinaus äußern sie sich als grundlegende Temperamentszustände im Wesen der Menschen. Dabei steht das Feuer für ein dynamisches, impulsives Temperament, die Erde für ein solides, beständiges Temperament, die Luft für ein heiteres, beschwingtes Temperament und das Wasser für ein empfindsames, feinfühliges Temperament.

In der Abfolge der zwölf Zeichen innerhalb des Tierkreises wechseln sich stets ein Feuerzeichen, ein Erdzeichen, ein Luftzeichen und ein Wasserzeichen miteinander ab.

Feuerzeichen	*Erdzeichen*	*Luftzeichen*	*Wasserzeichen*
Widder	Stier	Zwillinge	Krebs
Löwe	Jungfrau	Waage	Skorpion
Schütze	Steinbock	Wassermann	Fische

Eine Aufstellung spezifischer Eigenschaften der vier Elemente:

Feuer	*Erde*	*Luft*	*Wasser*
plasmatisch	fest	gasförmig	flüssig
feurig	verwurzelt	beschwingt	fließend
heiß	erdig	erfrischend	feucht
erhellend	stabil	bewegt	auflösend

Vergleich mit der Ebene männlich/weiblich:
Die Feuer- und Luftzeichen sind männliche Zeichen, die Erd- und Wasserzeichen sind weibliche Zeichen.

Vergleich mit der Ebene kardinal/fix/beweglich:
Jedes der vier Elemente präsentiert sich in jeweils einem kardinalen, einem fixen und einem beweglichen Zeichen.

Planetenstellungen: Domizil, Exil, Erhöhung und Fall

Hinweis: Diese Ebene der Bewertung von Planetenstellungen ist vorrangig bei der Analyse von Aspekten wichtig, um herauszufinden, welcher der am Aspekt beteiligten Planeten der stärkere bzw. der schwächere ist.

Jedes Tierkreiszeichen und jedes Haus wird von mindestens einem Planeten regiert. Der jeweils regierende Planet wird Herrscherplanet genannt (vgl. S. 46). So ist z. B. der Saturn der Herrscher des Zeichens Steinbock.

Steht der Herrscherplanet in „seinem“ Zeichen, dann, so sagt man, steht er in seinem *Domizil* und ist entsprechend stark gestellt. Steht er dagegen in dem Zeichen genau gegenüber, dann, so heißt es, steht er im *Exil* und ist entsprechend schwach gestellt. Es heißt, er könne dann seine typischen Eigenschaften und Stärken nur mit Schwierigkeiten entfalten.

Weiterhin kann ein Planet in *Erhöhung* stehen, was bedeutet, dass er ähnlich günstig steht wie in seinem *Domizil*, und er kann im *Fall* stehen, was bedeutet, dass er ähnlich ungünstig steht wie im *Exil*.

Steht ein Planet weder in seinem *Domizil* oder *Exil* noch in *Erhöhung* oder im *Fall*, dann spricht man von einer neutralen Stellung; diese wird *peregrin* genannt.

Planet	*Domizil*	*Exil*	*Erhöhung*	*Fall*
Sonne	Löwe	Wassermann	Widder	Waage
Mond	Krebs	Steinbock	Stier	Skorpion
Merkur	Zwillinge	Schütze	Jungfrau	Fische
	Jungfrau	Fische		
Venus	Stier	Widder	Fische	Jungfrau
	Waage	Skorpion		
Mars	Widder	Stier	Steinbock	Krebs
	Skorpion	Waage		
Jupiter	Schütze	Zwillinge	Krebs	Steinbock
	Fische	Jungfrau		
Saturn	Steinbock	Krebs	Waage	Widder
	Wassermann	Löwe		
Uranus	Wassermann	Löwe	Skorpion	Stier
Neptun	Fische	Jungfrau	Krebs	Steinbock
Pluto	Skorpion	Stier	Löwe	Wassermann

Das Achsenkreuz: Aszendent, Deszendent, Immum Coeli und Medium Coeli

Neben dem *Aszendenten* (vgl. S. 81) gibt es noch drei weitere bedeutende Punkte im Horoskop, die in direktem Zusammenhang mit der Lage der Häuser stehen: den *Deszendenten (DC)*, das *Immum Coeli (IC)* und das *Medium Coeli (MC).*

Der *Deszendent (DC)* steht im Horoskop dem *Aszendenten (AC)* genau gegenüber. Dies ist also der Punkt in einem Horoskop, der zum Zeitpunkt der Geburt, am Geburtsort, am westlichen Horizont untergeht (während der Aszendent am östlichen Horizont aufsteigt).

Der *Aszendent (AC)* markiert die Spitze des 1. Hauses. Damit ist die Thematik des *Aszendenten (AC)* und die des 1. Hauses annähernd dieselbe. Das 1. Haus steht für den Selbstausdruck eines Menschen, es zeigt die Art, wie er auf andere und auf Vorhaben zugeht.

Der *Deszendent (DC)* markiert die Spitze des 7. Hauses. Damit deckt sich die Thematik des *Deszendenten (DC)* annähernd mit der des 7. Hauses. Dies ist der Lebensbereich, in dem es um Partnerschaft geht, um Selbsterfahrung durch Begegnung, um das Geben und Nehmen in zwischenmenschlichen Beziehungen.

Neben dieser ersten Hauptachse im Horoskop (Aszendent – Deszendent), also der „Ost-West-Horizontachse“, gibt es eine zweite Hauptachse: die Achse „Himmelsmitte – Himmelstiefe“ (= Mittagspunkt und Mitternachtspunkt der Sonne). Diese zweite Hauptachse entsteht durch die Verbindung des *Medium Coeli (MC)* mit dem *Immum Coeli (IC)*, also des Mittagspunktes und des Mitternachtspunktes der Sonne.

Das *Immum Coeli (IC)* markiert die Spitze des 4. Hauses. Damit ist die Thematik des *Immum Coeli (IC)* und die des 4. Hauses annähernd dieselbe. Dieses Haus steht für den Lebensbereich, der die seelische Identität eines Menschen zeigt, sein psychologisches Familienerbe und seine Herkunft.

Das *Medium Coeli (MC)* markiert die Spitze des 10. Hauses. Damit deckt sich die Thematik des *Medium Coeli (MC)* annähernd mit der des 10. Hauses. Dies ist der Lebensbereich, in dem es um die Lebensziele eines Menschen geht, um seine Berufung und um sein Ansehen in der Öffentlichkeit.

Das Phänomen der rückläufigen Planeten

Da die Planeten auf elliptischen Bahnen durch den Tierkreis wandern, wirkt ihre Geschwindigkeit, von der Erde aus betrachtet, unterschiedlich hoch. Die jeweils wahrgenommene Geschwindigkeit ist davon abhängig, ob ein Planet sich gerade auf der länglichen Seite der elliptischen Bahn befindet oder bereits nahe der Spitze ist.

Auch die Erde kreist auf einer elliptischen Bahn. Dadurch scheint es zuweilen so, als bewege sich die Erde „schneller" als ein anderer Planet, wodurch der Eindruck entsteht, als ginge dieser Planet eine Zeitlang rückwärts.
In einem Geburtshoroskop werden die Planeten, bei denen dieser Eindruck zum Zeitpunkt der Geburt, am Geburtsort, bestand, als rückläufig bezeichnet. Diese Planeten sind in der Horoskopskizze üblicherweise mit einem kleinen „R" versehen.

Dem Phänomen der rückläufigen Planeten wird vor allem in der karmischen Astrologie besondere Bedeutung beigemessen. So heißt es, dass „die Kräfte der Planeten, die durch eine Rückläufigkeit gekennzeichnet sind, sich gerade im entgegengesetzten Sinn der gewöhnlichen Ausdrucksweise des Planeten entwickeln. Tatsächlich bewegen sie sich in der Richtung der Mondknoten, gegen den Lauf der Sonne, und streben demnach nicht nach einer äußerlichen Realisation, nach einem aktiven Ausdruck des Planeten, sondern nach einer nach innen gerichteten Aktion, einer Verinnerlichung."[6]

Die rückläufigen Planeten „führen zu Hinterfragungen, die mit der Weiterentwicklung ihrer Energie zusammenhängen, und führen oft zu einer Neuorientierung des Geistes."[7]

Kleines Astro-Lexikon

Archetypen
Griechisch für: Urbild
Von C. G. Jung wieder entdeckter Begriff für die Ur-Symbole des kollektiven Unbewussten, z. B. das Bild des Vaters, das Bild der Sonne etc. Die Archetypen erscheinen in den Träumen der Menschen sowie in den Mythen und Religionen sämtlicher Völker. Sie repräsentieren den kollektiven Erfahrungsschatz der Menschheit. In der Astrologie werden die Archetypen insbesondere durch die elf Planeten verkörpert. / *siehe S. 19*

Aspekte
Aspekte sind bedeutsame Abstände zwischen den einzelnen Planeten. So ist z. B. ein Abstand von rd. 120° von einem Planeten zum anderen ein bedeutsamer Abstand; dieser wird Trigon genannt. Weitere bedeutsame Abstände sind z. B. die Opposition (180°), das Quadrat (90°) und das Sextil (60°). Über die Aspekte entstehen Verbindungen zwischen den einzelnen Planeten. Diese können eher harmonisch oder eher spannungsgeladen sein, je nach Art des Aspektes. / *siehe S. 35*

Aszendent
Bezeichnung für den Punkt in einem Horoskop, der am östlichen Horizont aufsteigt. Neben der Stellung der Sonne ist der Aszendent einer der wichtigsten Faktoren bei der Deutung eines Horoskops. Der Aszendent mar-

kiert die Spitze des 1. Hauses. Dieses Haus steht für den Selbstausdruck eines Menschen, für seine Identität. / *vgl.: Deszendent, Häuser / siehe S. 81*

Bewegliche Zeichen
auch: Veränderliche Zeichen
Vier der zwölf Tierkreiszeichen werden als beweglich bezeichnet. Dies sind die Zeichen Zwillinge, Jungfrau, Schütze und Fische. Ein Merkmal dieser Zeichen ist ihre flexible Ausrichtung und damit der beständige Wechsel zwischen den Energien fixer und kardinaler Zeichen. / *vgl.: Fixe Zeichen, Kardinale Zeichen / siehe S. 104*

Deszendent
Bezeichnung für den Punkt in einem Horoskop, der am westlichen Horizont untergeht. Damit steht der Deszendent dem Aszendenten genau gegenüber. Zusammen mit dem Aszendenten bildet er eine der beiden Hauptachsen im Horoskop, und zwar die „Ost-West-Horizontachse". Der Deszendent markiert die Spitze des 7. Hauses. Dies ist der Lebensbereich, in dem es um Partnerschaft geht, um Selbsterfahrung durch Begegnung. / *vgl.: Aszendent, Häuser / siehe S. 109*

Domizil
Steht ein Herrscherplanet in „seinem" Zeichen, dann steht er in seinem Domizil. Damit ist er entsprechend stark gestellt. / *vgl.: Erhöhung, Exil, Fall, Herrscherplanet, Peregrin / siehe S. 107*

Drachenkopf
Eine Bezeichnung für den aufsteigenden Mondknoten. / *vgl.: Drachenschwanz, Mondknoten*

Drachenschwanz
Eine Bezeichnung für den absteigenden Mondknoten. / *vgl.: Drachenkopf, Mondknoten*

Ekliptik
Die Ekliptik ist die scheinbare Laufbahn der Sonne und der Planeten um die Erde. Entlang der Ekliptik laufen die zwölf Tierkreiszeichen. / *vgl.: Tierkreis, Tierkreiszeichen / siehe S. 13*

Ephemeriden
Astronomische Tabellen, die den Stand der Planeten tageweise, z. B. jeweils für 12 Uhr mittags, in Greenwich Mean Time (GMT), angeben. / *vgl.: Greenwich Mean Time*

Erdzeichen
Drei der zwölf Tierkreiszeichen werden dem Element Erde zugeordnet. Dies sind die Zeichen Stier, Jungfrau und Steinbock. Erdzeichen deuten auf ein solides, beständiges Temperament hin. / *vgl.: Feuerzeichen, Luftzeichen, Wasserzeichen / siehe S. 105*

Erhöhung
Steht ein Herrscherplanet in Erhöhung, dann steht er ähnlich günstig wie in seinem Domizil. Damit ist er entsprechend stark gestellt. / *vgl.: Domizil, Exil, Fall, Herrscherplanet, Peregrin / siehe S. 107*

Erniedrigung
siehe: Fall

Exil
Steht ein Herrscherplanet im Exil, dann steht er in dem Zeichen, das seinem Domizil genau gegenüber steht. Damit ist er entsprechend schwach gestellt. / *vgl.: Domizil, Erhöhung, Fall, Herrscherplanet, Peregrin / siehe S. 107*

Fall
Steht ein Herrscherplanet im Fall, dann steht er ähnlich ungünstig wie im Exil. Damit ist er entsprechend schwach gestellt. / *vgl.: Domizil, Exil, Erhöhung, Herrscherplanet, Peregrin / siehe S. 107*

Felder
siehe: Häuser

Feuerzeichen
Drei der zwölf Tierkreiszeichen werden dem Element Feuer zugeordnet. Dies sind die Zeichen Widder, Löwe und Schütze. Feuerzeichen deuten auf ein dynamisches, impulsives Temperament hin./ *vgl.: Erdzeichen, Luftzeichen, Wasserzeichen / siehe S. 105*

Fixe Zeichen
Vier der zwölf Tierkreiszeichen werden als fix bezeichnet. Dies sind die Zeichen Stier, Löwe, Skorpion und Wassermann. Fixe Zeichen verfügen über die Eigenschaft konzentrierter Energie. / *vgl.: Bewegliche Zeichen, Kardinale Zeichen / siehe S. 104*

Geburtshoroskop
Planetenkonstellation im Augenblick der Geburt eines Menschen, am jeweiligen Geburtsort. Das Geburtshoroskop gibt Aufschluss über die Anlagen und Potenziale eines Menschen, es zeigt persönliche Stärken und Schwächen und kann helfen, diese und dabei sich selbst besser kennen zu lernen. / *vgl.: Horoskop*

Geschlecht
Die zwölf Tierkreiszeichen werden in sechs männliche und sechs weibliche Zeichen eingeteilt. Die sechs männlichen Zeichen sind Widder, Zwillinge, Löwe, Waage, Schütze und Wassermann. Die sechs weiblichen Zeichen sind Stier, Krebs, Jungfrau, Skorpion, Steinbock und Fische. Männliche Zeichen haben grundsätzlich eine eher aktive, erobernde Ausrichtung, während weibliche Zeichen im Kern eine eher passive, aufnehmende Ausrichtung besitzen. / *siehe S. 103*

GMT
Abk. für: Greenwich Mean Time

Greenwich Mean Time
Weltzeit. Durch die im Jahr 1675 gegründete Sternwarte in Greenwich, einem Stadtteil im östlichen London, verläuft der Nullmeridian der Erde. Die Greenwich Mean Time (auf Deutsch: Mittlere Greenwich-Zeit) bildet die Grundlage der Zonenzeiten und damit der Zeitmessung auf der Erde. Im Zusammenhang mit der Astrologie ist die Greenwich Mean Time (GMT) für die Berechnung eines Horoskops von Bedeutung.

Häuser
Die zwölf Häuser eines Horoskops zeigen die verschiedenen Lebensbereiche, in denen, je nach Stellung der Planeten, die Lebensthemen eines Menschen zum Ausdruck kommen. Im Laufe der Zeit haben sich unterschiedliche Weisen entwickelt, die Häuser eines Horoskops zu berechnen. So gibt es heute mehrere Häusersysteme, die jeweils den Namen ihres Schöpfers tragen. / *vgl.: Koch, Placidus* / *siehe S. 65*

Herrscherplanet
Jedes Tierkreiszeichen und jedes Haus wird von mindestens einem Planeten regiert. Der jeweils regierende Planet wird Herrscherplanet genannt. So ist z. B. der Saturn der Herrscher des Zeichens Steinbock und des 10. Hauses. / *siehe S. 46, S. 107*

Horoskop
Darstellung der Planetenkonstellation zu einem bestimmten Zeitpunkt (z. B. Geburt eines Menschen) an einem bestimmten Ort. / *vgl.: Geburtshoroskop*

Immum Coeli
Der Mitternachtspunkt (der Sonne) in einem Horoskop. Das Immum Coeli bildet zusammen mit dem Mittagspunkt (Medium Coeli) eine der beiden Hauptachsen im Horoskop, die für die Einteilung der zwölf Häuser von Bedeutung sind. Das Immum Coeli markiert die Spitze des 4. Hauses. Dieses Haus steht für den Lebensbereich, der die seelische Identität eines Menschen zeigt, sein psychologisches Familienerbe. / *vgl.: Häuser, Medium Coeli* / *siehe S. 109*

Kardinale Zeichen
Vier der zwölf Tierkreiszeichen werden als kardinal bezeichnet. Dies sind die Zeichen Widder, Krebs, Waage und Steinbock. Ein Merkmal kardinaler Zeichen ist die zielgerichtete Anwendung von Energie. */ vgl.: Bewegliche Zeichen, Fixe Zeichen / siehe S. 104*

Koch
Name des Begründers eines der Systeme, mit denen die zwölf Häuser eines Horoskops berechnet werden können. */ vgl.: Häuser, Placidus*

Luftzeichen
Drei der zwölf Tierkreiszeichen werden dem Element Luft zugeordnet. Dies sind die Zeichen Zwillinge, Waage und Wassermann. Luftzeichen deuten auf ein heiteres, beschwingtes Temperament hin. */ vgl.: Erdzeichen, Feuerzeichen, Wasserzeichen / siehe S. 105*

Medium Coeli
Der Mittagspunkt (der Sonne) in einem Horoskop. Das Medium Coeli bildet zusammen mit dem Mitternachtspunkt (Immum Coeli) eine der beiden Hauptachsen im Horoskop, die für die Einteilung der zwölf Häuser von Bedeutung sind. Das Medium Coeli markiert die Spitze des 10. Hauses. Dieses Haus steht für den Lebensbereich, der die Lebensziele eines Menschen zeigt, seine Berufung und sein Ansehen in der Öffentlichkeit. */ vgl.: Häuser, Immum Coeli / siehe S. 109*

MEZ
Abk. für: Mitteleuropäische Zeit

Mondknoten
Als Mondknoten bezeichnet man die Schnittpunkte der Laufbahn des Mondes mit der der Sonne, von der Erde aus betrachtet. Dabei handelt es sich um theoretische Punkte; die Mondknoten sind nicht direkt am Himmel sichtbar. Die beiden Mondknoten, der aufsteigende und der absteigende, liegen sich im Horoskop immer genau gegenüber. Über die so genannte Mondknotenachse stehen beide miteinander in Verbindung. Vor allem in der karmischen Astrologie spielen die beiden Mondknoten eine besondere Rolle. Dabei steht der absteigende Mondknoten für das, was im vorherigen Leben angestrebt wurde und was es nun zu überwinden gilt. Der aufsteigende Mondknoten dagegen zeigt die jetzige Lebenslektion und damit die innere Entwicklungsrichtung eines Menschen an. */ siehe S. 85*

Orbis
Die Abweichungstoleranz, d. h. die zulässige Ungenauigkeit, bei der Bildung von Aspekten. */ vgl.: Aspekte / siehe S. 36*

Peregrin
Steht ein Herrscherplanet weder in seinem Domizil oder Exil noch in Erhöhung oder im Fall, dann spricht man von einer neutralen Stellung; diese wird peregrin genannt. / *vgl.: Domizil, Exil, Erhöhung, Fall Herrscherplanet / siehe S. 107*

Placidus
Name des Begründers eines weit verbreiteten Systems, die zwölf Häuser eines Horoskops zu berechnen. / *vgl.: Häuser, Koch*

Planeten
Die Planeten, ihre Stellung in den Tierkreiszeichen und Häusern sowie die Aspekte, die sie zueinander bilden, zeigen an, um welche Themen es im jeweiligen Horoskop geht. Es gibt im Wesentlichen elf Planeten, die für ein Horoskop von Bedeutung sind. Dies sind: die Sonne, der Mond, Merkur, Venus, Mars, Jupiter, Saturn, Uranus, Neptun, Pluto und Chiron. Der Einfachheit halber werden in der Astrologie auch die Sonne und der Mond als Planeten bezeichnet, auch wenn sie, rein faktisch gesehen, gar keine Planeten sind, sondern eben eine Sonne und ein Mond. / *vgl.: Aspekte; Häuser; Tierkreiszeichen* / *siehe S. 19*

Rückläufigkeit
Durch die elliptischen Bahnen, auf denen sich die Planeten sowie die Erde bewegen, scheint es, von der Erde aus betrachtet, manchmal so, als würde ein Planet eine Zeitlang rückwärts durch den Tierkreis laufen. Die Planeten, bei denen dieser Eindruck zum Zeitpunkt der Horoskopstellung besteht, werden als rückläufig bezeichnet. In der Horoskopskizze sind sie meist mit einem kleinen „R“ versehen. Dem Phänomen der rückläufigen Planeten wird vor allem in der karmischen Astrologie besondere Bedeutung beigemessen. / *siehe S. 110*

Sternzeichen
siehe: Tierkreiszeichen

Tierkreis
Der Tierkreis besteht aus den zwölf Tierkreiszeichen, die entlang der Ekliptik laufen. / *vgl.: Ekliptik, Tierkreiszeichen / siehe S. 13*

Tierkreiszeichen
Die zwölf Tierkreiszeichen, auch Sternzeichen genannt, stellen den Tierkreis dar. Die zwölf Zeichen sind: Widder, Stier, Zwilling, Krebs, Löwe, Jungfrau, Waage, Skorpion, Schütze, Steinbock, Wassermann, Fische. / *vgl.: Ekliptik, Tierkreis / siehe S. 45*

Veränderliche Zeichen
siehe: Bewegliche Zeichen

Wasserzeichen
Drei der zwölf Tierkreiszeichen werden dem Element Wasser zugeordnet. Dies sind die Zeichen Krebs, Skorpion und Fische. Wasserzeichen deuten auf ein empfindsames, feinfühliges Temperament hin. / *vgl.: Erdzeichen, Feuerzeichen, Luftzeichen / siehe S. 105*

Würde
siehe: Erhöhung

Zodiak
Tierkreis

Astro-Symbole im Überblick

☉	=	Sonne	
☽	=	Mond	
☿	=	Merkur	
♀	=	Venus	
♂	=	Mars	
♃	=	Jupiter	
♄	=	Saturn	
⛢ ♅	=	Uranus	
♆ ♆	=	Neptun	
♇ ⯓	=	Pluto	
⚷	=	Chiron	
☊	=	aufst. Mondknoten	
☋	=	abst. Mondknoten	
AC	=	Aszendent	
IC	=	Immum Coeli	
DC	=	Deszendent	
MC	=	Medium Coeli	
♈	=	Widder	
♉	=	Stier	
♊	=	Zwillinge	
♋	=	Krebs	
♌	=	Löwe	
♍	=	Jungfrau	
♎	=	Waage	
♏	=	Skorpion	
♐	=	Schütze	
♑	=	Steinbock	
♒	=	Wassermann	
♓	=	Fische	
☌	=	Konjunktion	= 0°
☍	=	Opposition	= 180°
△	=	Trigon	= 120°
□	=	Quadrat	= 90°
⚻	=	Quincunx	= 150°
⚹	=	Sextil	= 60°

Literaturliste

Irène Andrieu: Karma im Horoskop, München 1991

Hajo Banzhaf/Anna Haebler: Schlüsselworte zur Astrologie, München 1994

Margit Dahlke: Astro-Dice. Das astrologische Orakelspiel, Neuhausen 1988

Reinhold Ebertin: Kombination der Gestirneinflüsse, Freiburg im Breisgau 1989

Liz Greene: Abwehr und Abgrenzung als positive Dimension des Lebens und die Entsprechungen im Horoskop, Mössingen 2001

Johfra: Astrologie. Tierkreiszeichen, Freiburg im Breisgau 1981

Peter Orban: Pluto, Hamburg 1991

Peter Orban/Ingrid Zinnel: Drehbuch des Lebens, Hamburg 1990

Michael Roscher: Das Buch der Horoskope, München 1990

Thomas Schäfer: Bildersprache Astrologie, Wettswil (CH) 1991

Satya Singh: Astro-Karten, München 1994

Zane B. Stein: Wendepunkt Chiron, Mössingen 1989

Quellenangaben

[1] Trismegistos, Hermes: „Erkenntniß der Natur und des darin sich offenbarenden großen Gottes“, Sauerlach bei München, 1997, S. 39

[2] Martin, Bruno: „Handbuch der Spirituellen Wege“, München 1995, S. 161

[3] Singh, Satya: „Astro-Karten“, München 1994, S. 177

[4] Roscher, Michael: „Das Buch der Horoskope“, München 1990, S. 230,

[5] Arroyo, Stephen: „Handbuch der Horoskopdeutung“, Hamburg 1991, S. 48

[6] Andrieu, Irène: „Karma im Horoskop“, München 1991, S. 146f

[7] siehe oben, S. 154

Danksagung

Ich danke meiner Lebensgefährtin Heidrun Goslowsky, für das sorgfältige, erste Gegenlesen meiner Texte und das hilfreiche Feedback dazu.

Monika Jünemann, der Leiterin des Windpferd Verlages, für die inspirierende Unterstützung im Entstehungsprozess des Buches.

Den Mitarbeitern der Buchhandlung Zenit, Berlin, für die Unterstützung bei der Recherche zu diesem Buch, der Astrologin Ingrid Reimold sowie insbesondere dem Astrologen Michael Backhaus für den Tipp zu „Das Buch der Horoskope“ von Michael Roscher.

Der Astrologin Esther Blanche-Scheidler, deren Deutung meines Geburtshoroskops mich zu einem entscheidenden Zeitpunkt in meinem Leben erreichte und dazu beitrug, dass ich eine dringend anstehende Neuorientierung einleiten konnte.

Infos zum Autor

Oliver Klatt beschäftigt sich seit 1988 mit Astrologie. Seit 1994 gibt er Astrologie-Workshops, u. a. zu dem Thema „Wie deute ich mein Geburtshoroskop?". In Berlin führt er astrologische Beratungen und Tarotkartenlegungen durch, um Menschen bei der Selbsterkenntnis und in Entscheidungsprozessen zu unterstützen.

Im Mittelpunkt seines Wirkens steht heute seine Tätigkeit als Reiki-Meister/-Lehrer, in Reiki-Seminaren, als Chefredakteur des Reiki Magazins sowie als Buchautor.

Info zur Lebensberatung mit Oliver Klatt:
Oliver Klatt
Hildegardstr. 25 A, 10715 Berlin
Tel.: +49-(0)30-85731646
Fax: +49-(0)30-85731644
E-Mail: OlivKlatt@aol.com
Website: www.Mein-Geburtshoroskop.de

Thomas Kinkele · Pertra Arndt

Die Pflanzenhelfer

Geheimnisvolle Inspiration aus dem Pflanzenreich.

Pflanzenhelfer, das sind Aroma- und Räucherpflanzen, die ihr Gesicht zeigen. Sie sind die Spiegel unserer Gefühls- und Wunschwelten und tragen dazu bei, uns selbst zu erkennen. Dieses bezaubernde Set öffnet ganz neue Tore in die sonst verborgenen Sphären einer subtilen Welt: das Reich der Aromaessenzen und des duftenden Rauchs.
In der Begegnung mit der Pflanzenwelt verlassen wir uns auf die innere Stimme, unsere Intuition. Sie führt uns zu unseren Lebensthemen und Aufgaben, bei deren Lösung uns geheimnisvolle Pflanzenhelfer die Hand reichen.

280 Seiten · ISBN 3-89385-481-9 · www.windpferd.de

Jürgen Pfaff

Handbuch der heilenden Farben

Die schönsten Techniken zum Heilen und Inspirieren

Jürgen Pfaff zeigt uns eine Vielzahl außergewöhnlicher Techniken, wie wir unser Leben durch den gezielten Umgang mit Farben positiv beeinflussen. Farben wirken bereits in kleinen Dingen und richtig eingesetzt, tragen sie eine Menge dazu bei unseren Alltag schöner und lebendiger zu gestalten. Dieser praxisbezogene Ratgeber reißt mit und macht uns mit lichtvollen Techniken rund um die Themen ‚Farbe' und ‚Farbwirkung' vertraut.
Zahlreiche Übungen und meditative Techniken runden dieses Kompendium ab und machen Lust, die Welt der Farben immer wieder neu zu erleben oder achtsam und feinfühlig zu erkunden. Das kenntnisreiche Praxisbuch für einen farbenfrohen Alltag!

352 Seiten · ISBN 3-89385-483-5 · www.windpferd.de